IL FAUT ALLER A ROME !

SOUVENIR

D'UN

GRAND PÈLERINAGE

(OCTOBRE 1882)

OU

TROIS SEMAINES EN ITALIE

TURIN, GÊNES, PISE, FLORENCE, ASSISE, LORETTE, BOLOGNE,
MILAN, CHARTREUSE DE PAVIE, TURIN AU RETOUR

PAR DEUX PÈLERINES

Du diocèse de Dijon

SE VEND AU PROFIT DU TRAIN DES MALADES

0 fr. 75

LANGRES

IMPRIMERIE ET LIBRAIRIE RALLET-BIDEAUD

3, rue de l'Homme-Sauvage, 3

1884

SOUVENIR

D'UN

GRAND PÈLERINAGE

A NOTRE-DAME DE LOURDES
NOUS DÉDIONS CE RÉCIT.

A SES CHERS MALADÉS
NOUS EN CONSACRONS LE PROFIT.

—

VIERGE IMMACULÉE
BIEN DES FOIS NOUS AVONS VISITÉ LE LIEU
DE VOTRE APPARITION.
VOUS NOUS AVEZ ENFLAMMÉES D'UN NOUVEL
AMOUR POUR VOUS ET VOS ENFANTS MALHEUREUX

AGRÉEZ CET HOMMAGE
DE NOS CŒURS RECONNAISSANTS
ET BÉNISSEZ-NOUS.

IL FAUT ALLER A ROME

SOUVENIR

D'UN

GRAND PÈLERINAGE

(OCTOBRE 1882)

OU

TROIS SEMAINES EN ITALIE

TURIN, GÊNES, PISE, FLORENCE, ASSISE, LORETTE, BOLOGNE,
MILAN, CHARTREUSE DE PAVIE, TURIN AU RETOUR

PAR DEUX PÈLERINES

Du diocèse de Dijon

SE VEND AU PROFIT DU TRAIN DES MALADES
O fr. 75

LANGRES

IMPRIMERIE ET LIBRAIRIE RALLET-BIDEAUD
3, rue de l'Homme-Sauvage, 3

1884

PROLOGUE

« Que rendrons-nous au Seigneur pour tous ses bienfaits ? »

Nous revenons de Lourdes où nous avons
goûté les plus douces joies, reçu les plus
grandes grâces et les plus insignes faveurs ;
nous croyions être comblées et n'avoir plus
rien à désirer ! Mais voici qu'un nouveau et
plus grand pèlerinage encore se prépare. En
serons-nous ? Depuis longtemps il fait l'objet
de tous nos vœux.

Voyons les difficultés, les empêchements... ;
ils ne sont pas insurmontables : donc, nous
irons à Rome ! Oui, c'est le pèlerinage de
Rome qui se prépare ; c'est aussi un peu celui
d'Italie, car avant d'arriver à Rome, nous
devons nous arrêter dans bien des villes où se
trouvent de précieux et riches souvenirs : A
Turin, à Gênes, à Pise, à Florence, pour de là
gagner Assise où se célèbre le septième centenaire de saint François. Au retour de Rome,

nous irons à Lorette, nous verrons Bologne, nous passerons un peu plus de la journée du dimanche à Milan ; nous visiterons la Grande Chartreuse de Pavie, et nous nous retrouverons de nouveau à Turin où nous aurons encore de grands sujets d'édification.

Notre joie est grande, et pourtant nous ne sommes pas sans quelque appréhension. L'Italie est pour nous, pays étranger, pays inconnu ; nous n'en connaissons pas la langue, comment nous faire comprendre et comment comprendre nous-mêmes ? Le voyage est long, il sera pénible... Mais Dieu est là et la bonne Providence nous viendra en aide, nous l'espérons bien.

A peine sommes-nous établies dans cette confiance, qu'un bon prêtre de nos amis nous écrit : « Je vais vous recommander à Monsieur D.., frère de mon curé-doyen ; il fait ce pèlerinage avec sa femme et sera heureux de vous rendre tous les services possibles. » Merci à notre Dieu ! Et pourtant ce ne sont pas ces dignes pèlerins qu'il nous destine pour aides, car, à peine étions-nous sous leur sauvegarde que nous fûmes séparés, et voici comment : à notre départ de Turin pour Gênes, comme ils s'attardaient un peu, nous les devançâmes à la gare. En y arrivant eux-mêmes, ils nous cherchèrent quand déjà nous étions dans le train, les attendant à la portière et leur gardant des places. Ils ne parurent point sur le quai et le train partit sans eux. En arrivant à Gênes, nous ne nous hâtames pas trop pour un logement et nous marchions sous l'œil de la bonne Providence, quand nous rejoignîmes un petit groupe de pèlerins, deux prêtres et deux laïques, oncle et neveu. Un des prêtres se retourna et nous dit avec bonté : « Mesdames, vous êtes sans doute comme nous, en quête d'un logement ; si vous voulez bien nous accompagner, nous chercherons ensemble, et tâcherons de trouver quelque chose de convenable. »

Quand nous fûmes installés, ce même prêtre nous dit avec bienveillance : « Maintenant que nous sommes ainsi réunis, il ne faudra plus nous quitter. » Et nous de nous dire intérieurement : nous verrons cela !... Nous vîmes si bien, que, dès ce moment, notre petite société fut constituée, et que jusqu'à la fin, elle ne subit aucune variation ; car nul d'entre nous n'eut l'idée d'y ajouter ni d'y retrancher ; un de plus eût été de trop, un de moins nous eut fait défaut. Mais n'anticipons pas trop.

SOUVENIR

D'UN

GRAND PÈLERINAGE

OCTOBRE 1882

───～◦◦～───

CHAPITRE I

Le départ. — A la gare de Dijon. — Arrivée des pèlerins de
Paris. — Mâcon. — Ambérieux. — Modane. — Chambéry.

Nous sommes au mercredi 4 octobre 1882, jour
d'impérissable souvenir ! les pèlerins ont Paris
pour point de départ, et leur nombre doit se grossir
en route jusqu'à Turin et même plus loin ; à Florence nous trouverons les R. P. Picard et Marie
Antoine ; d'autres compagnons nous rejoindront à
Assise et les derniers à Rome. Nos billets d'Italie
sont circulaires et valables pendant deux mois,
beaucoup d'entre nous ont pris l'avance pour en
bénéficier davantage. Pour nous, nous rejoignons
les pèlerins ce soir, à notre gare, vers onze heures
et demie.

1

Nous mettons la dernière main à nos préparatifs, et de pieuses amies s'empressent autour de nous, nous disant sans cesse : « Vous allez à Rome, que vous êtes ·heureuses !... » On nous écrit d'ailleurs : « Que vous êtes privilégiées et combien nous envions votre sort !... » Que de pèlerins de désir nous laisserons derrière nous, consolation et regret : Consolation de voir que tant d'âmes s'associent à notre bonheur, et regret de ne pas être accompagnées de tous ceux que nous aimons. Mais dans ce grand acte que nous allons accomplir et dans leur sacrifice nous demeurerons bien unis. Ils ont promis de prier chaque jour pour nous, et leur pensée nous sera présente dans tous les lieux bénis que nous allons visiter, et surtout aux pieds du très saint Père ; car le but d'un pèlerinage à Rome, c'est de voir le Pape et de recevoir sa très douce bénédiction.

Nous espérons bien que nos chers amis participeront amplement à toutes les grâces de notre pèlerinage. Mais voici bientôt l'heure du départ, et nous devons la devancer, elle est indue à cause de nos amies qui veulent nous conduire à la gare. Il nous faut vingt minutes pour y arriver ; il en faudrait davantage qu'elles ne reculeraient pas ; elles veulent ainsi participer à notre pieux voyage. C'est pour cela aussi qu'elles se disputent nos bagages. Elles voudraient nous porter nous-mêmes... Et, pour parfaire toute chose, elles nous remettent une offrande pour le Saint-Père.

Nous sommes à la gare, et il faut se quitter! C'est avec la plus vive émotion que nous prenons congé de nos chères amies, et que nous les remercions plus encore du fond du cœur que des lèvres. Nous sentons bien que leur démarche est plus l'effet de l'amour de Dieu et de la sainte Eglise que celui de l'affection qu'elles nous portent, quelque grande qu'elle puisse être. Gloire à Dieu! Il nous est doux de le voir ainsi glorifié, quand même ce serait au détriment de notre propre gloire, car qu'est notre gloire? Si Notre-Seigneur lui-même a dit dans son humilité : « Ma propre gloire n'est rien! » Que penserons-nous et dirons-nous de la nôtre?

Maintenant nous avons encore deux heures d'attente; elles s'écoulent lentement, et, quand elles touchent à leur fin, nous sortons sans cesse sur le quai pour entendre le sifflet de la locomotive. Bien des fois nous nous croyons prêts à partir, et toujours il faut attendre... Enfin, nous entendons clairement et le sifflet et le mouvement du train; notre cœur bat plus fort... Ce sont bien les pèlerins, ils arrivent, ils s'arrêtent. Les voyageurs descendent et nous nous trouvons dans un pêle-mêle; mais nous connaissons le costume des Pères de l'Assomption. Voici le Révérend Père Hippolyte, nous allons à lui, et il nous accueille avec bonté : « Vous êtes mes deux pèlerines, dit-il, venez que je vous case. » C'est fait, et nous sommes bien. Mais une minute après il revient, et nous dit : « Venez, venez! je vous ai trouvé encore mieux : trois pèlerins sont montés ici et sont seuls dans un compartiment ; je vais vous joindre à eux, ce sera le petit groupe de Dijon !... » Et nous de dire : Ne serait-ce point chez M. D. ? Et une voix de nous répondre : « C'est nous-même ? » — « Et vous, n'êtes-vous point Mᵉˡˡᵉˢ X ? » — « Oui, Monsieur. » — « Bien, parfait ! » Et maintenant, ce ne sera plus seulement le groupe de Dijon, mais bien Dijon et Langres réunis. Le Père prend part à notre joie, ils sont si bons, ces Pères Augustins de l'Assomption.

Déjà pour le pèlerinage de Lourdes, nous avions le Père Joseph pour chef de notre train ; il prit à tâche de visiter chaque wagon, et chaque compartiment. Il nous entretenait de choses édifiantes, et même de son pèlerinage à Jérusalem. Il s'intéressait surtout aux malades et les encourageait. Une malade s'étant mise à pleurer, il s'attendrit visiblement et lui dit : « Ma chère enfant, il ne faut pas pleurer, ici, on ne doit pas être triste, mais gai et confiant. » Puis se tournant vers nous tous, il dit : « Récitons une dizaine de chapelet pour cette chère malade, afin que Dieu la console et lui rende le courage. » C'était au retour, et elle n'avait éprouvé aucun changement notable dans son état ; mais on vient de nous écrire qu'elle va beaucoup mieux pour ne pas dire bien. Bon Père Joseph, priez encore pour elle !...

Jusqu'à Mâcon, nous avons le temps de faire ample connaissance avec chez Monsieur D. qui sont accompagnés d'une dame de leurs amies; Madame D. a très bon cœur et beaucoup de sentiment; que de fois nous l'avons vu pleurer à chaudes larmes dans nos pieux exercices ! Nous sommes donc en très bonne compagnie; et, après notre séparation de Turin, nous nous revoyons toujours avec le plus grand plaisir. c'était une vraie joie pour nous quand nous les rencontrions.

Nous arrivons à Mâcon plus tard que nous ne pensions. et il est impossible d'avoir la messe comme on l'espérait. Nous descendons pour changer de train, et nous piétinons longtemps sur le quai, il n'y fait guère bon, car le temps est froid et brumeux. Mais voici le chef de gare, il vient à nous avec bienveillance, et nous fait ouvrir les salles; nous sommes mieux, et pourtant nous ne laissons pas que d'être impatients. Enfin, notre train correspondant arrive, nous nous entassons dans les wagons, une dame se montre fort charitable, un peu trop à notre avis, attirant à nous tous les retardataires qui passent, et bientôt nous sommes au grand complet, dix dans un compartiment de seconde avec tous nos bagages, c'est trop ! Nous allons loin, bien loin ainsi; nous passons Bourg, nous touchons à Ambérieux... Et voilà que tout à coup une personne s'écrie : « que l'on est donc serré ici ! Que ce compartiment est étroit, c'était plus haut plus large où j'étais : » — « Je ne sache pas, Madame, que les compartiments de seconde soient faits autrement. » — « Je suis donc en seconde ? » · « Oui Madame, et vous avez... » — « Un billet de 3e » — « Et moi aussi dit une autre personne. » Toutes deux descendent à Ambérieux au grand contentement de tous. On se desserre et on respire plus à l'aise ; c'est fort heureux, car nous sommes déjà bien fatigués et comment aurions-nous pu aller ainsi jusqu'à Modane !...

Nous avançons plus gaiement et nous voici en vue du lac du Bourget, après avoir franchi le Rhône. Ce lac est admirable. Un peu plus loin, nous sommes en plein dans les montagnes de la Savoie ; nous les contemplons avec ravissement, elles se multiplient sous nos regards avec une grande variété de formes et d'aspects, sans se confondre ni se masquer ; elles sont établies sur plusieurs plans, et laissent des éclaircies qui nous font apercevoir des sites plus charmants encore : c'est un magnifique spectacle.

A Aix-les-Bains, nous sommes hués, sifflés par une troupe de soldats ; les uns crient, les autres chantent la Marseillaise et frappent sur je ne sais quoi qui fait un bruit semblable à celui d'un chari-vari. Nous n'avons pas peur ; mais cela fait mal, car c'est affreux. C'est comme un écho de l'enfer, et c'est bien réellement le démon qui rugit. Mon Dieu, miséricorde pour ces malheureux, et daignez les éclairer ! Ce ne sont que des étourdis qui se lais-sent entrainer par les fausses doctrines du jour.

Plus loin, un certain mouvement se fait, mais il n'a rien d'effrayant ni de désagréable ; nous allons savoir ce qu'il en est : un prêtre passe et s'arrête à toutes les portières en disant : « J'étais à Jérusalem, je n'ai plus rien pour aller à Rome... Priez pour moi ! » Et nous tous de l'accueillir joyeusement.

Le temps avait été bon depuis le matin, mais il devient humide et froid. A Chambéry le brouillard tombe ; plus loin, c'est la pluie jusqu'à Modane et au delà. On nous avait effrayés pour la douane italienne, mais nous n'avons pas à nous plaindre, on nous laisse passer sans difficulté. Le plus ennuyeux est le visa des billets circulaires ; on se presse, on se pousse, on s'étouffe, et c'est un très mauvais moment à passer, embarrassés que nous sommes par nos bagages. Nous remontons dans le train et il pleut toujours. Au de là du grand tunnel si remarquable par sa longueur et sa disposition, c'est la neige, elle tombe à gros flocons, les montagnes en sont couvertes. Bientôt nous laissons derrière nous les cimes neigeuses et la température change de nouveau ; c'est encore la pluie, et, cette fois, elle tombe à verse. C'est ainsi que nous arrivons à Turin.

CHAPITRE II

On nous avait recommandé l'Hôtel Suisse et nous y allons. On y est bien, mais on paie très cher, chambre, nourriture, éclairage, voiture, etc... L'hôtel est près de la gare. Nous nous y installons et y passons la nuit. A notre réveil, il pleuvait à torrent. Dans les endroits non pavés, quelque soit la quantité de boue, elle ne s'attache pas à la chaussure ni aux vêtements; elle dépose, et reste sous l'eau, on croirait marcher sur un ciment qui commence à prendre; on se mouille, voilà tout.

Nous allons à la recherche de la cathédrale St-Jean-Baptiste. Là est la chapelle qui renferme le Saint Suaire et où nous devons avoir notre réunion à 7 heures. Nous sommes exactes. C'est avec la plus vive émotion que nous montons l'escalier qui conduit à la sainte chapelle.

La chapelle du Saint-Suaire est belle, mais un peu originale dans sa construction et son ornementation. L'autel de marbre noir est à deux faces et porte une châsse d'argent, sous verre, qui renferme la relique du Saint-Suaire. Cette relique fut apportée d'Orient au XIVme siècle par un seigneur de Charny et déposée dans une église de la Champagne. Marguerite de Charny, de la même famille, la donna au milieu du XVme siècle, à Louis de Savoie qui la déposa à Chambéry. En 1578, saint Charles Borromée, avec un bourdon à la main, partit en pèlerinage au Saint-Suaire. Afin de lui épargner la fatigue d'un pareil voyage, Philibert-Emmanuel fit solennellement transporter le linceul à Turin.

Le Père Hippolyte est là, et va offrir le saint Sacrifice ; il nous demande d'être bien silencieux, bien posés comme il convient devant une telle Relique. Nous nous prosternons sur les dalles, tous les fronts s'inclinent respectueusement, et le recueillement général est profond. On se croirait au Saint-Sépulcre, dont cette précieuse Relique, qui porte l'empreinte du corps et des plaies du Sauveur, rappelle si bien le souvenir. Avec quelle effusion d'amour nous approchons de la Sainte Table, et recevons dans nos cœurs Celui qui nous a tant aimés et qui a tant souffert pour le rachat de nos âmes ! Après la sainte Messe, le Père nous adresse une touchante allocution, et nos larmes coulent abondamment. Il nous engage à recevoir la sainte Communion chaque jour de notre pieux pèlerinage ; on se rangera de tout cœur à cet avis, et ce sera comme au temps des premiers Chrétiens. Quelle sainte et heureuse vie dans cette union si intime à

Notre-Seigneur dans la sainte Eucharistie! Oh! que Dieu est bon de nous avoir donné la grâce de ce pélerinage, nous ne cesserons de l'en bénir !

Nous n'avons pas le temps de visiter la ville, et n'y jetons qu'un coup d'œil en passant. Elle nous paraît assez belle, mais présentant trop d'uniformité dans la disposition et l'alignement de ses rues. Nous déjeûnons à la hâte et nous nous rendons à la gare; nous voici en route pour Gênes; nous passons à Asti, à Alexandrie et non loin de Marengo, à Mir; après quoi nous trouvons une longue série de tunnels et de ponts ; nous sommes dans les Apennins; et, dans l'intervalle des tunnels, nous avons à admirer de beaux sites. Voici la mer, et nous sommes à Gênes.

CHAPITRE III

Nous faisons la rencontre providentielle de ceux
qui jusqu'à la fin de notre pèlerinage doivent nous
être si utiles et d'une société si agréable; nous trouvons un hôtel de second ordre où nous sommes fort
bien: nous avons une chambre vaste, bien meublée,
bien propre, et surtout un très bon lit; nous ne
payons qu'un franc cinquante centimes y compris
l'éclairage et le service. Notre installation effectuée,
nous visitons le port et la jetée; la mer est très
houleuse et le vent très fort; on nous propose une
promenade en bateau que nous n'osons accepter.
La pluie ne nous permet pas de faire toutes les
excursions projetées; nous gagnons St Laurent où
nous avons une réunion à 3 heures et nous mettons
bien du temps à y arriver, ayant fait plus d'un
détour inutile, ce qui nous a permis toutefois de
voir un peu plus la ville qui est fort belle et très
riche en palais de marbre. Ce qu'il y a de curieux
et de surprenant c'est la façon de laver. A Gênes

on ne sait pas laver son linge en famille. Aux fenêtres et aux balcons des maisons, des palais eux-mêmes sont suspendus des linges qui attendent la pluie douce et savonneuse d'Italie. Cette pluie produit à elle seule l'effet d'un bon lessivage. Elle nous a paru si moelleuse et nous nettoyait si bien les mains que notre savon devenait inutile.

« Gênes est très prospère; elle grandit à vue d'œil, elle s'enrichit prodigieusement; son commerce et sa navigation deviennent de plus en plus importants; l'abandon et la ruine du port de Livourne depuis l'annexion de la Toscane ont profité à elle seule; elle en a recueilli toutes les épaves. Elle a des bateaux a vapeur dont l'installation et l'élégance rivalisent avec les meilleurs spécimens de l'Angleterre et de l'Amérique. Quelle richesse, quelle élégance dans ses nouvelles constructions, dans la gare centrale du chemin de fer, jusque dans le Campo Santo! Dans ce dernier, les monuments funéraires sont si beaux, les statues sur les tombes sont de tels chefs-d'œuvre, qu'on se croirait dans un musée de sculpture. Les étalages des boutiques rivalisent avec ceux de Paris; les armoiries, les riches blasons sont sculptés et coloriés sur toutes les portes, sur toutes les voitures qui ont le moindre droit, comme sur la façade des anciens palais. »

La cathédrale St-Laurent est revêtue extérieurement de marbre blanc et noir, elle est très bien décorée à l'intérieur, belles peintures, fresques et sculptures remarquables ; la chapelle de saint Jean-Baptiste est magnifique, elle renferme les chaînes et des reliques de ce saint. On vénère encore à St-Laurent un grand nombre de reliques telles que le *Sacro-Catino*, plat, couleur d'émeraude, dans lequel s'accomplirent les mystères de la Cène, le plat ou *disco* dans lequel fut présentée la tête de St-Jean-Baptiste par Salomé à Hérodiade, et une insigne relique de la tête de ce saint.

La pluie qui tombe à torrent nous retient plus long-temps que nous ne voudrions, et le Père Hippolyte nous fait réciter un chapelet en attendant ; mais loin de céder, elle tombe plus fort encore, c'est un vrai déluge ; nos plus grosses averses de France ne sont qu'un brouillard à côté. Pourtant, il faut se décider, car le temps passe et nous devons être à sainte Catherine à 5 heures. Nous partons donc sous cette pluie torrentielle, et nous sommes bientôt trempés jusqu'aux os, mais cela ne nous inquiète guère, et ne nous incommode pas du tout ; la pluie est si douce et la température si tiède ! Ste Catherine est un hôpital très vaste, très-bien tenu ; les religieuses sont très-bonnes, très affables, et leur visage respire une angélique douceur. Nous vénérons le corps de sainte Catherine de Gênes placé au dessus de l'autel et très-bien conservé ; nous visitons ensuite sa cellule, et nous y éprouvons les plus douces émotions. Nous passons une bonne nuit et ne nous sentons nullement d'avoir été si éprouvées par la pluie. Nos chers pèlerins ne se plaignent pas non plus, et nous

allons à l'*Annonciata* pour y entendre la sainte
Messe; nous chantons l'*Ave maris stella* au com-
mencement, puis le *Credo*, l'*O Salutaris* à l'élévation et le *Magnificat* pour terminer. Tous ces chants
donnent de l'élan à notre âme: nos cœurs sont
inondés d'une douce joie et des délices de la sainte
communion. L'église de l'*Annonciata* est richement
décorée; on y remarque plusieurs belles peintures
entr'autres la Cène au dessus de la porte.

Il a fait mauvais toute la nuit, la pluie tombait
avec force et le vent faisait rage, c'était une vraie
tempête; nous prenons une voiture pour aller à la
gare, et bientôt le train nous emporte loin de Gênes.
Nous passons par une longue série de tunnels, de
ponts, d'aqueducs fort remarquables; à chaque intervalle de tunnel, nous avons la vue de la mer : un
tunnel, puis une éclaircie et la mer; c'est-à-dire la
lumière et la vie, puis les ténèbres et non pas la
mort, car plus que jamais nous vivons, recueillant
nos pensées, bénissant et louant Dieu de la perfec-
tion de ses œuvres, de la beauté, de la magnificence
de ses ouvrages. La mer est impétueuse, l'horizon
qui la borne s'assombrit de plus en plus, de gros
nuages s'en dégagent, s'amoncellent et couvrent
bientôt toute la mer ; les vagues s'agitent, s'élèvent,
elles semblent se confondre avec les nuages ; la
foudre gronde au sein de cette tourmente tandis que
sur nos têtes le ciel est presque pur. Le spectacle
est magnifique et grandiose. Mais bientôt, nous
portons les regards de l'autre côté, attirés par la

vue des magnifiques montagnes à pics dont le sommet est couronné de nuages vaporeux qui font croire qu'elles sont volcaniques ; beaucoup s'y laissent prendre et ont peine à revenir de leur erreur : ce sont les montagnes de marbres de Carrare, de nombreux objets d'art en ébauche sont là entassés en attendant leur transport dans toutes les directions.

Il fait beau et très chaud ; aux gares, on nous vend des fruits qui sont toujours bien accueillis, surtout les raisins ; on se presse aux fontaines, on se lave les mains, on se désaltère et on se réinstalle gaiement pour continuer un parcours toujours plein d'agrément. Là, c'est une forêt entière de citronniers, et, tout le long du chemin, des orangers en pleine terre, des figuiers, des oliviers et tant d'autres arbres fruitiers qui croissent à l'envi avec une grande puissance de végétation. A travers mille merveilles de l'art et de la nature, nous arrivons à Pise. Le ciel resplendit et la ville se dessine admirablement ; du train, on aperçoit déjà le *Campo santo*, la tour penchée, la cathédrale que l'on admirera de plus près tout à l'heure ; c'est, avec le Baptistère, ce qu'il y a de plus remarquable à Pise ; cette ville est bâtie sur les deux rives de l'*Arno*. Nous y arrivons vers les cinq heures pour en repartir vers huit heures ; c'est peu de temps à y rester, mais c'est assez pour parcourir la ville, et visiter le groupe des quatre monuments remarquables cités plus haut. Nous prenons notre réfection, et nous revenons à la gare. Mais voici l'orage : les éclairs se

succèdent sans interruption, et le tonnerre fait grand
bruit, la pluie tombe à verse, heureusement car les
nombreux curieux qui étaient venus à la gare sont
obligés de battre en retraite. Ils n'avaient déjà pas
si bonne mine, et, peut-être, avaient-ils mis en
réserve quelques-unes des pierres que l'an passé ils
lancèrent aux pélerins. Nous arrivons à Florence à
dix heures et trouvons facilement un bon gîte ; nous
adressons à Dieu une louange, une action de grâce ;
nous invoquons notre ange gardien et nos saints
protecteurs, et nous n'avons plus qu'à nous reposer.
C'est demain dimanche, et nous le passerons à
Florence ; nous devons quitter cette ville lundi
matin à 8 heures.

CHAPITRE IV

Le soleil se lève radieux, tout est de lumière et
d'azur ; l'air est pur et doux. Cette fois, voilà bien
le ciel tant vanté de l'Italie et que nous croyions
être plus régulièrement ainsi. Oh! que les fleurs
doivent se trouver bien ici, et s'y épanouir avec fa-
cilité ; elles doivent emprunter à ce beau soleil un
éclat plus vif, des couleurs plus variées et un parfum plus suave.

Nous nous rendons au couvent de sainte Marie-
Madeleine de Pazzi où nous avons notre réunion,
notre Messe, nos chants, notre procession, et surtout le grand avantage de la sainte Communion. On
nous conduit au corps de la Sainte renfermé dans
une châsse de cristal et magnifiquement vêtu, et là,
on nous distribue quelques reliques et images représentant Ste-Marie-Madeleine de Pazzi ; entr'autres
reliques on nous donne des petits paquets de la
farine qui se multiplia miraculeusement lors d'une

translation du saint corps. Il y avait alors affluence,
et la Supérieure dut faire de grandes provisions en
vue de la multitude qu'elle aurait à nourrir. Or cette
multitude fut immense et il fallut renouveler la pro-
vision de farine. Il se trouva alors que les coffres
n'avaient pas diminué, et que la farine dura bien au
delà des fêtes de la Translation, puisque les religieuses purent s'en nourrir plusieurs mois encore.
La Prieure jugea convenable d'utiliser ce qui en res-
tait, en la distribuant aux personnes pieuses qui
en demandaient de toutes parts ; et cette farine
devint l'instrument d'une foule de miracles. Oh!
qu'on se sent petit en face de ces grandes âmes,
que nos œuvres paraissent stériles, et que nos
efforts dans le saint amour sont faibles ! Mais Dieu
est bon et plein de miséricorde, et nous sentons que,
malgré notre indigence, il ne laisse pas que de fixer
sur nous un regard plein de tendresse. Sous ce sentiment, notre cœur tressaille, et une paix profonde
envahit notre âme.

Au sortir de ce saint lieu, nous visitons l'*Annonciata,* église des Servites, où l'art déploie toutes ses
magnificences. On y remarque le tombeau de Jean
de Bologne, son crucifix, un beau groupe en marbre
dit *Pieta,* de belles peintures, la chapelle des Vil-
lani, où sont enterrés les célèbres historiens de ce
nom : une fresque où image miraculeuse de la sainte
Vierge, objet de la vénération des fidèles et où brûlent constamment quarantes lampes ; un beau péristyle où sont de nombreuses et belles fresques. De là

nous passons à la cathédrale où dôme, grand et bel
édifice, un vrai monde ! le campanile est une mer-
veille, le baptistère est surtout remarquable par ses
portes de bronze et son revêtement extérieur de
marbre ; il a été fondé au VIe siècle sur les ruines
d'un temple payen.

Nous visitons les places qui sont belles et nombreuses, les palais : palais vieux qui fut la résidence
du grand duc Cosme ; on y remarque la salle du
grand conseil construite sur la demande de Savonarole pour les assemblées du peuple, elle renferme
sa statue ; la salle du conseil municipal ornée de
tapisseries florentines, la chambre de Léon X, le
petit salon de Clément VII, et, dans les diverses salles, les portraits des Médicis ; palais des Uffizi que
Cosme Ier fit construire pour réunir divers ordres de
magistrats, magnifique galerie, salle des portraits,
salle des bronzes antiques, cabinet des médailles,
cabinet des camées, peintures, sculptures, école
Toscane et salle des maîtres anciens, etc. De la
galerie des Uffizi on passe au palais Pitti. La galerie de ce dernier est distribuée dans 16 salles qui
renferment plusieurs centaines de tableaux qui sont
des chefs d'œuvre, on est émerveillé, et l'on a pas
assez d'yeux pour regarder. Nous y passons un
temps considérable à notre grande satisfaction :
mais nous en sortons très fatiguées ; monter, descendre, courir, regarder, il y avait bien de quoi
réduire toutes nos forces. En guise de repos, nous
allons entendre les Vêpres à *Santa Maria Novella*,

église des Pères Dominicains ; nous la visitons ensuite, elle est très-belle et ornée de peintures murales ; jugement dernier, le Paradis, célèbre Madone, crucifix de Giotto etc. Il y a encore plusieurs autres églises : *Santa Croce* surnommée le Panthéon de Florence, à cause des nombreux et illustres tombeaux qu'elle renferme ; *San Lorenzo* etc.

A 5 heures, nous avons notre réunion à *Santa Trinita*, chapelle de saint Jean Gualbert. Nous y entendons une instruction par le Père Marie Antoine, il fait ressortir les rapports qui existaient autrefois entre Florence et la France par la colonie française qui s'y établit et y fonda une église de St-Remy pour son usage. Le R. P. Picard préside au Salut, et notre procession se déroule pour la vénération des reliques très-nombreuses en ce sanctuaire ; nous ne pouvons vénérer le crucifix miraculeux, un simple voile nous en sépare cependant : on n'a pas la permission de le soulever.

Voilà une journée bien remplie et nous gagnons nos gîtes après avoir fait de petites provisions de voyage pour le lendemain : nous prenons notre repas et allons dormir, assez mal toutefois car il fait de l'orage. Au matin, il pleut encore très fort, et nous ne pouvons nous rendre à l'*Annonciata*, lieu de notre réunion. Nous allons tout près, à *Santa Maria Novella*, où bon nombre de pèlerins sont avec nous. Nous y entendons la sainte Messe et on nous distribue la sainte Communion. La pluie s'arrête et nous donne le temps de nous rendre à la gare. A peine y sommes-nous qu'un nouvel orage épouvantable éclate et nous y retient près d'une heure ; bien que déjà installés dans le train, il ne serait pas prudent de partir.

En route maintenant, le temps se rassérène et devient très-beau et aussi très chaud. Nous passons en vue du lac Trasimène, de Pérouse, non loin de Spolète, à Foligno pour de là gagner Assise où se celèbrent les fêtes du septième centenaire de saint François. Nous pourrions transcrire ici une lettre du Père Marie-Antoine adressée par lui au *Pèlerin* et insérée dans le numéro 307 de ce journal.

Avec le souvenir des Médicis, et, parmi eux, de Cosme Ier, de Laurent le Magnifique, de Pierre, auteur de leur déchéance, de Jean qui devint pape sous le nom de Léon X, on retrouve à Florence celui de Savonarole, de Pic de la Mirandole, de Michel-Ange, du Dante etc. Non loin de Florence, au *Prato*, petite ville de quatre mille âmes, se trouve le tombeau de sainte Catherine de Ricci, le corps de la sainte est conservé dans une châsse d'argent, placée sur le maître-autel.

CHAPITRE V

A la descente du train nous sommes reçus par des religieux de la Portioncule qui nous souhaitent la bien-venue ; à la gare, on met une salle à notre disposition pour y déposer les bagages, et, sans autre sollicitude, nous nous rendons processionnellement à Notre-Dame des Anges au chant du *Magnificat* et de l'*Ave Maria* de Lourdes. Nos voix sont vibrantes d'émotion, nos cœurs palpitent et la joie rayonne sur nos fronts.

Nous entrons à la basilique en chantant l'*Ave maris stella,* et, quand nous sommes tous introduits dans cette vaste enceinte où déjà une foule de dévots à saint François et de pieux curieux à notre sujet, nous ont précédés, le Père Bernard nous adresse un touchant et sympathique discours auquel répond le R. P. Picard. On nous dirige vers la Portioncule, et, en face de ce béni sanctuaire, nous recevons les félicitations de l'Archevêque de

Pérouse. Nous passons dans cette sainte chapelle
en disposant notre âme à recevoir la précieuse
indulgence ; nous visitons la cellule de saint François ; on nous fait jeter un regard dans le lieu sou-
terrain où il se retirait pour prier ; nous saluons le
champ des roses et nous revenons par la sacristie
où on nous distribue de petits paquets de ces roses
merveilleuses : nous visitons ensuite la basilique à
loisir, et beaucoup de dire : « que c'est beau, que
c'est riche ! » Et quelqu'un de reprendre : « oui,
c'est beau, très beau même, trop riche... Pourquoi
tout cela ? » Pourquoi !... Pour honorer la pauvreté
et l'humilité de saint François, pour l'élever et le
glorifier autant que possible comme Dieu le fait lui-
même ; et ce n'est encore là qu'une faible image de
la gloire et de l'élévation de ce pauvre de Jésus-
Christ, de cet humble par excellence. « Dieu glorifie,
élève et sauve les humbles ; il tire l'indigent de la
poussière et le pauvre de l'abjection, pour les faire
asseoir parmi les princes et avec les princes de son
peuple. » Que saint François nous obtienne la grâce
d'être, à son exemple, pauvres d'esprit et humbles
de cœur !

Assise est à trois kilomètres, au sommet d'une
colline. Nous prenons une voiture après en avoir
débattu le prix, et nous nous y rendons. Nous visitons la cathédrale qui n'est remarquable que par le
souvenir. Nous allons aussi à la basilique de sainte
Claire et au tombeau de saint François. Nous retournons ensuite à sainte Claire où nous avons le

salut et notre procession pour la vénération du tombeau de la sainte et d'insignes reliques ; cette cérémonie a été particulièrement touchante.

Nous prenons notre repas, nous en avions grand besoin, et nous descendons à la gare pour y attendre le départ du train de Rome. A notre grand regret nous quittons Assise, car demain doivent encore avoir lieu de belles et édifiantes cérémonies : vénération du voile de la très sainte Vierge, — ailleurs il n'y en a que des parcelles, — visite de la maison de saint François et de l'étable où il est né, hommage à sa statue, et retour à sainte Marie des Anges. Mais nous sommes liés par une promesse, il faut partir. Nous avions engagé deux des pélerins de Jérusalem qui voulaient partir tout droit à Rome, à s'arrêter à Assise, et ils n'y avaient consenti qu'à la condition que nous quitterions Assise avec eux par le train de nuit pour arriver plus tôt. Ils prenaient ainsi l'avance parce qu'ils voulaient visiter Naples et ne pas trop prendre sur leur séjour à Rome. Nous ne pouvions comprendre qu'ils renonçassent à Assise.

Il n'est pas encore onze heures, et nous avons à attendre jusqu'à deux heures. A la gare, nous trouvons un certain nombre de voyageurs venus de divers côtés pour participer aux fêtes de saint François et aussi pour voir notre pélerinage. On nous accueille avec bienveillance et même avec joie ; on se range, on nous cède des places, on nous félicite d'avoir entrepris un si lointain et si pieux voyage ; on nous dit combien nous avons édifié ; notre procession était si touchante, nos chants si beaux, notre attitude si digne et si profondément recueillie !... Une dame de Pérouse qui parle bien le Français et le lit encore mieux s'approche plus particulièrement de nous et désire connaître notre cantique à saint François. Alors, nous exhibons notre manuel, et elle le parcourt avec un intérêt toujours croissant, accentuant et soulignant les plus beaux passages, surtout ceux où il est question du saint Père : « C'était notre archevêque, dit-elle, il est si bon Léon XIII ! nous l'avons tant regretté et pourtant nous sommes si heureux de son élévation au souverain Pontificat ! » Les avis, l'esprit que doit avoir notre pélerinage, notre itinéraire, tout la charme et la ravit. Mais voici les cantiques : elle veut apprendre l'air de celui à saint François, nous le chantonnons, et, à mesure qu'elle le saisit, sa voix s'élève, et, bientôt, d'autres voix se joignent aux nôtres surtout au refrain, et c'est un beau spectacle que cette foule chantant au milieu de la nuit et dans une salle d'attente où tout le monde s'y intéresse ; c'est une douce récréation qui nous fait agréablement passer le temps. Cette dame veut copier le cantique, mais un des nôtres lui donne un manuel, elle est au comble de la joie ; elle le lit à haute voix, ce qui nous donne l'occasion de la reprendre de ses manquements, et de lui donner ainsi une leçon de lecture française. Elle s'y prête de la meilleure grâce du monde, et, pour peu, elle lirait aussi correctement que nous autres ; elle ne pèche guère d'ailleurs que sur l'*u*

qu'elle prononce invariablement *ou* comme tous les
Italiens, prononciation qui, avec leur accent, déna-
ture tellement notre langue, qu'on a peine à les
comprendre ; ainsi, pour pluie, ils prononcent *ploue*,
et pour fruit, *frou...* : si nous disons fruit ou pluie,
ils ne nous comprennent pas ou se méprennent. Un
jour qu'à la fin de notre repas, nous avions demandé
des fruits, on nous apporta un beau plat de friture... :
on avait dû comprendre des *frits,* poissons frits,
quelque chose de frit, nous avions beau dire : Pas
cela, pas cela ! des fruits, des fruits, si nous n'avions
ajouté raisins, pommes ou poires, on ne nous aurait
pas compris.

Un train arrive, c'est celui de nos voyageurs : il
faut se quitter, on nous fait de sympathiques adieux,
on nous souhaite l'heureuse continuation de notre
pieuse pérégrination, on se recommande à nos
prières, on nous presse, on nous baise les mains...
Tant de démonstrations qui accusent une si grande
foi et une si grande piété, nous émeuvent profondément. Enfin, nous partons à notre tour ; nous chan-
geons de train à *Foligno,* et nous y subissons un
certain temps d'arrêt. Notre pensée se porte vers la
grande sainte de cette ville, *Angèle de Foligno ;*
nous lui adressons nos hommages, une prière, et
nous nous mettons sous sa protection jusqu'à Rome.
On nous fait monter, puis descendre, quand déjà
nous sommes installés ; mais c'est pour nous donner
un meilleur compartiment, de plus doux coussins ;
nous a-t-on remarqués comme Français et comme

pèlerins ; est-ce par égard pour ce double titre qu'on nous traite aussi bien et avec tant de politesse ?... Nous voici tranquilles cette fois, et nous essayons de dormir, car nous sommes fatiguées. Mais les plus douces impressions envahissent notre âme et nous tiennent en éveil : nous venons d'Assise, quel souvenir !... Nous allons à Rome, quelle incomparable perspective !...

CHAPITRE VI

Rome. — Installation. — Portraits de nos amis. — Exercices de la semaine, etc.

I

Nous y arrivons à 7 heures et demie ; nous sommes cinq de notre groupe particulier, et nos deux pèlerins de Jérusalem que nous quittons à la gare ; nous avons laissé notre sixième compagnon à Assise, non sans lui promettre de lui retenir une chambre et d'aller au devant de lui, ce qui est doublement avantageux, en arrivant à dix heures du soir il n'a pas à se mettre en peine d'un logement et il vient chez des amis sans avoir besoin de demander son chemin. C'est la seule fois que nous nous sommes ainsi écartés un peu à regret du pélerinage car il y a de grands avantages à en suivre tous les exercices. Nos prêtres eux-mêmes qui ont de plus l'obligation de leur Messe le savent bien, ils s'arragent toujours de façon à assister sinon à celle du pèlerinage, du moins aux avis, aux instructions et surtout à la magnifique procession qui a lieu chaque fois dans les bénis sanctuaires où nous avons nos réunions. Au retour des cryptes, de la

vénération des tombeaux et autres objets précieux
qu'on ne peut déplacer, tels que la crèche de l'enfant Jésus, les crucifix, les Madones miraculeuses
etc., on nous fait garder nos rangs de la procession
et, nous mettant à genoux, nous vénérons les insignes reliques que des prêtres en surplis et passant
à la file, présentent à nos hommages en nous les
désignant. Ainsi nous en avons vénéré un grand
nombre qu'on ne sort qu'à certaines fêtes et dans de
rares occasions.

Nous sommes installés dans la rue de Babuino,
21 et 22 ; nos chambres sont convenables, d'un prix
peu élevé, bien meublées et bien tenues ; un tapis
en recouvre le sol, et nos fenêtres donnent sur la
rue. Un salon est mis à notre disposition, et, chaque
soir, nous nous y réunissons pour nous entendre
sur la marche à suivre du lendemain, à savoir si
nous devons faire nos excursions ensemble, ou sépa-
rément, et on s'entend toujours. Nos deux prêtres
ont ou approchent la quarantaine et ils sont très
dignes : l'un, du diocèse de Versailles, a beaucoup
de distinction : il paraît un peu froid, mais il est
très-bon, doux, calme, bienveillant, sobre de paroles
et pensant bien ; il discute rarement et établit la
paix autour de lui ; il a bien un peu l'esprit causti-
que, mais il cède volontiers dès qu'il s'aperçoit qu'il
vous contrarie où vous heurte. « Heureux les
pacifiques ! » L'autre, du diocèse de Tours, se distingue par une grande piété qui respire en toute sa
personne, piété un peu rude, un peu austère peut-

être, mais profonde! Il est très bon aussi et ne
voudrait pas vous faire la moindre peine ; c'est un
homme de devoir et de conseil ; il hait profondément
les ennemis de la religion et le scandale, et ce n'est
pas lui qui braverait l'opinion. « Heureux celui qui
n'est pas pour les autres un sujet de scandale et qui
au contraire les édifie en toutes circonstances ! »
Le cher oncle est des Vosges et a 67 ans ; il était
maire et il s'est fait révoquer parce que, un 14 juil-
let, il est allé en pèlerinage à Mattaincourt, au
tombeau du bienheureux Pierre Fourrier. C'est un
homme d'une grande foi, d'une piété sincère et bien
soutenue, il goûte pleinement les avantages de nos
saints exercices ; avec quel bonheur, avec quel élan
il s'approche de la sainte Table. Il a un grand cha-
grin au cœur : sa femme lui a été enlevée au moment
où il prenait sa retraite et s'établissait dans une
jolie maison bien restaurée, pour y passer ses der-
nières années dans le calme et le repos. Sa plainte
est rare, mais souvent son front s'assombrit et des
larmes lui viennent aux yeux. Nous prions beaucoup pour lui. « Heureux ceux qui pleurent, car ils
seront consolés ! » M. H..., son neveu, est un jeune
homme de 27 ans ; il est né à Paris qu'il a presque
toujours habité. Depuis longtemps déjà il est laissé
à lui même, loin de sa famille. Jusqu'à présent, il
était dans un grand magasin avec de beaux appoin-
tements, il a sa chambre en ville, il aime et cultive
la musique. C'est une âme droite et bien conservée,
il a la candeur et la simplicité d'un enfant : bénis-

sons Dieu d'une si merveilleuse conservation. Sa distinction native est pleine de simplicité et de charmes : il vous rend toutes sortes de services, et ne s'en doute pas ; il ne saura jamais combien il nous est utile ; il croit au contraire que l'avantage de notre société est tout pour lui. Chose surprenante avec les dispositions d'âme que nous lui connaissons, et sa riche nature, il n'est pas encore fixé pour sa vocation ; il manque un peu de décision et aussi, nous le croyons, d'une bonne direction. Il fait partie d'un cercle catholique, et il est très attaché à Notre-Seigneur. Nous prions ce bon Maître de lui venir en aide, et de le déterminer promptement à choisir la meilleure part. Qu'il l'attache à son joug qui est si doux, qu'il le charge de son fardeau qui est si léger... « Heureux les cœurs purs parce qu'ils verront Dieu ! » De notre petite société, c'est nous qui sommes les imparfaites, mais la vertu de nos chers compagnons nous rend très supportables, et si vous les interrogez, ils sauront trouver quelque chose de bon à dire de nous... Ceci dit, allons à nos exercices.

II

Nous avons hâte d'aller à saint Pierre ; mais, au préalable, nous voulons entendre la messe ; il y a une église ici près, celle de Sainte Marie du peuple, nous y allons et là nous avons l'occasion de bénir Dieu

de la puissance qu'il donne à la très sainte Vierge
sur l'esprit infernal, puisque cette église est bâtie
sur l'emplacement du tombeau de Néron où les
démons apparaissaient et faisaient un bruit effroya-
ble... Enfin, voici saint Pierre et sa place immense !
Vue d'en bas de la place, la façade paraît écrasée,
étroite, et les colonnes de médiocres dimensions ;
mais à mesure que vous avancez, les proportions se
développent et vous paraissent gigantesques, l'édifice
semble grandir, s'élever, s'élargir et les colonnes
grossir, et vous voici en face d'un magnifique portique. L'effet est saisissant et grandiose. A l'intérieur, nous ne sommes pas moins surprises, car, à
mesure que nous avançons dans cette vaste enceinte,
les murs semblent se reculer pour lui donner plus
d'étendue encore. On sent que l'église de saint
Pierre est bien véritablement l'église du Pape,
l'Eglise du vicaire de Jésus-Christ, l'Eglise universelle ! elle est bâtie de façon à réunir le plus grand
nombre possible de fidèles autour du Souverain
Pontife, et sa place immense en est comme la continuation et le déversoir aux grands jours !

Qu'il devait y faire bon aux grandes solennités,
quand les foules émues se pressaient dans son enceinte, et que le Saint Père y faisait entendre sa
voix. Non, cette magnifique basilique n'est point
faite pour un seul, mais pour les multitudes ! Qu'est-
ce qu'un seul cœur, une seule âme, une seule respi-
ration dans cette immensité ? Il lui faut plus de
chaleur, plus de vie, plus d'enthousiasme ; il lui

faut plus de mouvement : le rayonnement et l'éclat des pompes du culte catholique. Il lui faut le frémissement d'une prière, le cri d'une louange universelle !... A celui qui aime plus particulièrement à se recueillir et à prier, nous dirons : venez à l'écart, il y a ici, à saint Pierre, un lieu où le recueillement est facile et la prière sans effort ; agenouillez-vous près de ce marbre, plongez là votre regard, ou plutôt, faites-vous ouvrir cette grille, descendez ce magnifique escalier, vous êtes à la confession des saints Apôtres Pierre et Paul, au tombeau où ils reposent ensemble mi-partie ici et mi-partie à l'église saint Paul en ce qui est de leurs corps — leurs têtes sont à saint Jean de Latran, — pour y attendre le grand jour de la Résurrection qui sera aussi celui de leur triomphe et de leur glorification en face de tout l'univers dont ils sont les princes et les rois.

Nous passons à saint Pierre un temps considérable, près de deux heures, à examiner, à admirer. Que c'est beau, que c'est grand ! Quelle coupole, quelle élévation de voûte ! Quelle magnificence, quelle profusion de chefs-d'œuvre en tout genre ! Ces marbres, mosaïques et sculptures, tombeaux des papes et surtout celui de Clément XIII qui se distingue par deux beaux lions de Canova, etc.

« De toutes les églises du monde, saint Pierre est la plus vaste. De bout en bout, à l'intérieur, elle mesure cent quatre-vingts mètres, et sa hauteur, de l'extrémité de la croix au parvis, est de cent trente neuf mètres. De chacune de ses chapelles on pour

rait faire une cathédrale. Posée sur le dôme des
Invalides, elle l'envelopperait comme un globe. La
confession dans laquelle on vénère le tombeau du
Prince des Apôtres, est un gouffre des marbres les
plus rares autour duquel brûlent, nuit et jour, cent
quarante deux lampes d'or et qu'abrite un baldaquin de bronze sur lequel se tiendrait debout la
colonne Vendôme. Dans ce monument gigantesque
ne cherchez ni l'élégance, ni la légèreté; tout y est
calme, massif, puissant. *Tu es Pierre, et sur cette
pierre je fonderai mon Église.* En construisant la
basilique immense, ses architectes se sont inspirés
de cette parole et l'ont traduite en cathédrale. La
Rome des empereurs comptait sept collines; Jules II
voulut qu'il y en eût une huitième tout en marbre, et
qu'en l'honneur du Prince des Apôtres, elle couvrit
de sa masse ces jardins de Néron, sanctifiés par la
persécution et dans lesquels le César furieux jusqu'à la folie, aimait à se promener à la clarté des
torches vivantes, chrétiens enduits de soufre et de
poix auxquels ses tortionnaires mettaient le feu. Pour
réaliser cette conception grandiose, il ne fallut pas
moins d'un siècle et plus de travail continu, la vie
de trente pontifes et les efforts successifs de Bramante, Raphaël, Perruzi, Maderna, Michel-Ange et
le Bernin; tous les marbres de Paros, de Carrare
et les blocs de la brèche antique accumulés à l'Em-
porium pour l'embellissement de la Ville Étèr-
nelle.

« Parmi les monuments de la ville impériale, il en

est deux surtout qui frappent les regards des voyageurs par leur majesté, l'admirable basilique construite par Maxence puis consacrée par Constantin; le Panthéon, encore debout et superbe, élevé par Agrippa pour y loger d'une manière digne d'eux tous les dieux de l'Olympe auxquels tour à tour le peuple romain avait donné droit de cité. Mais ce n'était pas assez d'un de ces édifices pour couvrir le tombeau du pauvre pêcheur, Pierre le Galiléen; les architectes de la nouvelle basilique les réunirent en les agrandissant. Bramante, le premier, construisit les voûtes énormes, Michel-Ange qui vint après, enleva le Panthéon dans les airs et le posa sur l'œuvre de Bramante, puis il couronna la coupole d'un globe d'or sur laquelle Maderna planta la Croix du Divin Crucifié, dominant de toute sa hauteur les ruines colossales du paganisme vaincu. Cela ne parut pas encore suffisant : pour vestibule à ce monument sans pareil, Bernin donna deux places sur lesquelles une armée pourrait manœuvrer et les entoura d'un portique supporté par deux cent quatre-vingt-huit colonnes qui, par une double courbure, vient se rattacher aux deux côtés de la façade, dominée par la statue du Christ debout au milieu de ses douze Apôtres. Au bas, un magnifique escalier de marbre descend par trois rampes au niveau de la place, au centre de laquelle, sur les ordres de Sixte IV, Fontana a planté, comme un point d'admiration, le célèbre obélisque égyptien de granit que flanquent de chaque côté, deux belles

fontaines dessinées par Maderna, et rappelant
moins par leur ornementation beaucoup plus simple que par leur disposition, celles de la place de la
Concorde, à Paris. Le gros de l'œuvre terminé, il
fallut lui donner la richesse. Déjà sur la balustrade
supérieure de son portique, le Bernin avait placé
cent quatre-vingt-douze satues de douze pieds de
haut ; à l'entrée de la colonnade circulaire, sur
d'énormes piédestaux, on en mit deux également
imposantes : l'une, saint Pierre tenant les clés,
l'autre saint Paul, appuyé sur sa longue épée, et
les deux Apôtres furent établis gardiens du péristyle
tandis qu'aux deux extrémités du vestibule sup-
portant le balcon d'où chaque année le pape ré-
gnant donne sa bénédiction à la terre, au haut de
l'escalier monumental et gardant la porte du temple, veillent deux guerriers sous les armes, Constantin qui ferme la liste des Empereurs de l'ancien monde, Charlemagne qui ouvre celle des Empereurs du monde nouveau. Voilà pour l'extérieur.

« Décrire l'intérieur de la Vaticane, en quelques
pages, dépasse les bornes du possible ; un simple
catalogue des richesses artistiques qu'elle renferme
remplirait un gros volume. Stendahl, un écrivain
hostile au pape et par conséquent au catholicisme, a
écrit cette phrase : « On pousse avec peine une grosse
portière de cuir et nous voici dans saint Pierre. On
ne peut qu'adorer la religion qui a produit de telles
choses. Rien ne peut être comparé à l'intérieur de

saint Pierre. » Si la majesté du lieu produit un tel effet sur un libre-penseur, quelle ne doit pas être l'impression qu'éprouve un catholique en y entrant. A peine le rideau soulevé, avant même que l'œil ébloui ait eu le temps de se reconnaître, un air tiède, doux et parfumé, toujours le même, enveloppe le visiteur; il sent sa poitrine se dilater, il semble qu'une vie nouvelle circule dans ses veines, que la lumière, la joie et l'espérance l'envahissent. Ici, point de foule qui coudoie, point de chaises où de bancs arrêtant les pas, de tableaux accrochant le regard; le parvis est un désert de marbre se prolongeant jusqu'à la Confession entourée par les lampes, d'une douce auréole, à travers laquelle on aperçoit au loin, dans une demi-obscurité, le baldaquin de l'autel dont un faisceau de rayons, qui semblent tomber du ciel, fait scintiller la croix d'or. Le rideau est retombé, tous les bruits du dehors se sont éteints, un silence religieux règne sous la voûte décorée de caissons et de rosaces en stuc doré d'une prodigieuse richesse; huit énormes piliers plaqués de marbres des plus rares et incrustés d'ornements somptueux, niches dans lesquelles se dressent des statues, médaillons où attributs de la papauté, conduisent le regard sans secousse jusqu'à l'extrémité de la grande nef où, en arrière de la Confession, de l'autel et du baldaquin, s'épanouissent les rayons d'une gloire gigantesque au centre de laquelle quatre colosses de bronze deux docteurs de l'Église grecque et deux docteurs

de l'Église latine, saint Ambroise, saint Augustin
saint Grégoire et saint Jean Chrysostôme soutiennent, de leurs mains élevées vers le ciel, la chaire
de saint Pierre. Le premier coup d'œil est à la fois
une vision et une extase; on demeure immobile,
interdit, le cœur est prêt à éclater, et cependant tout
d'abord, l'esprit et l'œil peu habitués à des proportions aussi étonnantes, ne se sont pas rendus compte
de la véritable grandeur de la basilique. Pour la
voir grandir et se révéler pour ainsi dire, il faut
s'avancer vers la Confession; ce trajet est un voyage; à droite et à gauche dans l'arc qui unit les
piliers l'un à l'autre on aperçoit de chaque côté, de
l'autre côté de la nef latérale, des chapelles, vérita-
bles églises qui s'enfoncent en élargissant le vais-
seau déjà si vaste. Si l'on approche d'un pilier, on
se sent rapetisser en même temps que grandissent les
statues qui, debout dans leurs niches, paraissaient
de taille humaine et dont le bras levé de l'homme
le plus grand peut à peine atteindre le genou; les
deux anges soutenant les bénitiers semblaient de
petits enfants, ils ont six pieds de hauteur; cette
plaque de bronze à peine remarquée, dans le soubassement d'un tombeau, est une porte par laquelle
peut entrer, sans se courber, le visiteur de la taille
la plus élevée. Les saints de marbre, debout au
pied du pilier, ont treize pieds de hauteur, et les
piliers eux-mêmes n'en mesurent pas moins de
quatre-vingts. Tout cela est hors de proportion avec
la nature humaine, mais si harmonieusement

agencé, qu'il faut se comparer pour avoir une idée
de sa propre faiblesse, je dirais presque de son
néant. A lui seul, le baldaquin de bronze pèse mille
huit cent soixante-trois quintaux, et, pour fondre les
colosses qui soutiennent la Chaire de saint Pierre,
le Bernin n'employa pas moins de cent seize mille
livres de métal; il fallait bien cela pour qu'ils ne
succombassent pas sous le poids des rayons qui
dépasse deux cent vingt mille livres. Ces chiffres
épouvantent, mais l'examen attentif de la coupole
terrasse. Ce n'est plus un dôme, c'est un gouffre
aérien, une montagne creuse dans l'intérieur de
laquelle le regard plonge où plutôt remonte à plus
de trois cents pieds de hauteur, pour s'arrêter sur
une mosaïque représentant le Père Eternel planant,
au dessus de la Vierge, des anges, des Apôtres et des
Saints, distribués en six zônes successives.

Il semble qu'on voie le ciel entr'ouvert et la gloire
de Dieu descendant sur ce temple, aussi au-dessus
du temple de Salomon que la loi nouvelle l'est au-
dessus de la loi ancienne. Les nefs latérales et les
chapelles qui rayonnent autour de la basilique ne
sont pas moins prodigieusement riches; l'or, les
marbres précieux, les bronzes se sont pliés à toutes
les formes pour rehausser la grandeur du monument sans pareil. L'église paraissait vide et nue,
et voici qu'à mesure qu'elle se développe, elle se
peuple en même temps de statues, de mausolées, de
bas-reliefs, d'emblèmes, d'ornements, d'anges, de
saints, de médaillons, de tableaux même, repro-

ductions des chefs-d'œuvre des plus grands maîtres, non plus par la peinture qui s'efface et a été bannie de saint Pierre où tout doit être impérissable, mais par la mosaïque dont l'éclat indestructible brave également les ravages de l'humidité et du temps. Si cet entassement prodigieux d'objets d'art et de richesses de toute nature, demande des volumes pour les décrire et des années pour les étudier, il exige aussi une armée spéciale pour son entretien. Pour balayer ce parvis de marbre, frotter ces bronzes, épousseter ces châsses, éponger ces mosaïques, il faut une légion. Pour réparer les vitraux, souder les plombs, réparer les toitures de zinc, redorer les croix, replacer les paratonnerres, restaurer les dalles des terrasses, entretenir les lampes, battre les tapis, allumer ces illuminations instantanées qui changent en quelques secondes le dôme entier en un immense globe de feu planant au-dessus de Rome, plongée dans l'obscurité, une seconde légion est nécessaire. Ces légions, cette armée existent, car la basilique qui renferme 383 statues, abrite aussi sur ou sous ses voûtes une populations d'ouvriers évaluées à peu près au même nombre et portant le nom de san Piétrini. »

— Nous prions un certain temps au tombeau des Apôtres et faisons toucher tous les objets de piété que nous avons sur nous. Nous sortons de saint Pierre émues et ravies. Et maintenant, où allons-nous ? Si nous tentions une visite au Vatican, aux salles, aux galeries !... Nous ne sommes que l'avant-garde du pèlerinage, attendu sans doute, mais qui ne doit entrer en action ici que demain, n'importe ! Nous exhibons nos cartes de pélerins, on nous regarde avec quelque étonnement, et on nous laisse passer. Les soldats nous présentent les armes, et nous montons lentement, nous arrêtant à chaque étage et sonnant à toutes les portes, deux, trois et quatre fois s'il le faut, mais toujours on nous ouvre. On nous introduit partout et nous voyons tout ce que nous voulons, excepté je ne sais plus quoi qu'on nous dit être fort remarquable, le gardien n'est pas là. Il est vrai que nous somme venues ici sans consulter ni le jour, ni l'heure, à l'improviste et comme par un coup de vent. Nous mettons peut-être tous les gardiens sens dessus dessous, car tout le monde a bien un peu l'air ébahi, on a en nous un échantillon du type français qu'on pourra examiner demain tout à son aise. En attendant, nous rions sous cape et jouissons pleinement de nos privilèges et franchises. Un grand pèlerinage en a toujours, et d'avance tous les obstacles sont levés. Quand nous arrivons, nous n'avons plus qu'à nous rendre où bon nous semble, notre carte de pélerin est le « Sézame, ouvre-toi ! » Devant elle toutes les portes nous livrent passage, tous les rideaux se lèvent, tous les voiles s'écartent et les objets les plus précieux sortent de leurs cachettes... Avantage que n'ont pas les simples touristes ou les pélerins isolés, ou formant groupe en dehors d'un grand pèlerinage.

Au sortir du Vatican où nous avons visité de nombreuses salles et galeries, et la chapelle Sixtine, nous flânons un peu par la ville et rentrons à notre hôtel contentes de notre journée, et bénissant Dieu de nous avoir donné la grâce d'un si touchant pèlerinage. Nous dînons et retrouvons notre prêtre de Versailles qui était allé d'un autre côté. Nous nous racontons mutuellement ce que nous avons vu et éprouvé à la grande satisfaction de chacun; nous nous retirons ensuite pour la prière et le repos. Il n'y a que M. H... qui se couchera plus tard, car il va à la gare au devant de notre autre prêtre.

Nous nous sommes endormies avec la pensée et sous le regard de Dieu, et, en nous éveillant, une douce sensation saisit notre cœur quand nous nous rappelons que nous sommes à Rome, à Rome, maintenant ville sainte, foyer de vie et de lumière, point central et culminant de la religion, quand autrefois elle était le centre du paganisme, un abîme de pestilence et de ténèbres universelles où étaient plongés tous les peuples sous l'empire de satan. Mais Jésus guettait, et il y introduisit les défenseurs de son nom. Les vaillants du Christ enrôlés sous l'étendard de la Croix, apôtres, pontifes, confesseurs, vierges, saintes femmes, ont livré bataille au paganisme, l'ont vaincu et ont à jamais enchaîné le dragon infernal. Rome est le lieu du triomphe de Notre-Seigneur, il l'a choisie pour demeure. « J'y habiterai, a t-il dit, parce que je l'ai choisie : je comblerai ses veuves de bénédic-

tion, et je rassasierai de pain ses pauvres ; ses
prêtres revêtiront la grâce du salut et ses saints
tressailleront de joie... J'y ai établi mon Eglise,
et les portes de l'enfer ne prévaudront point contre elle. »

III

Nous avons le *premier jour*, notre réunion,
notre Messe à l'église saint Augustin, au tombeau
de sainte Monique. Nous vénérons la Madone dite
de saint Augustin et le crucifix devant lequel saint
Philippe de Néri priait.

Le *second jour,* à sainte Marie-Majeure où nous
avons une magnifique procession pour la vénération de la Crèche, d'un morceau considérable de
la vraie Croix, de deux saintes Epines, des che-
veux de la très sainte Vierge, des langes de l'Enfant Jésus, du voile de la très sainte Vierge, de
la tête de saint Mathias, des instruments de martyre, des tombeaux, et, en particulier, de celui
de Sixte-Quint, de saint Pie V, de son corps et
de celui de saint Mathieu, aussi bien que des
reliques de sainte Lucie et des saints Innocents
renfermées dans l'autel dédié à cette sainte. Notre
procession se déroule au chant de l'*Ave Maria* de
Lourdes, du *Tu es Petrus*, alternant avec les ver-
sets du *Magnificat* et du cantique : Gloire au pontife universel ! Nous enlevons ces chants avec en-

thousiasme, surtout le *Tu es Petrus* qui est comme l'affirmation de notre foi en la suprématie du Pape... Et il en sera ainsi à chacun de nos exercices partout dans les basiliques où il y a des tombeaux de souverains Pontifes. Nous avons le cœur bien ému en sortant de ce béni sanctuaire dédié à la très sainte Vierge.

Le *troisième jour*, à saint Jean de Latran où l'on conserve la table de la Cène et aussi la table en bois sur laquelle saint Pierre célébrait les saints Mystères, que le pape Silvestre retira des catacombes. Cette dernière est au maître-autel et celle de la Cène a un sanctuaire spécial. Il y a à saint Jean de Latran un grand nombre de reliques ; un bras de sainte Hélène, une partie du cerveau de saint Vincent de Paul, du sang de saint Charles Borromée, la coupe dans laquelle, par ordre de Domitien, le poison fut présenté à l'apôtre saint Jean, une partie de la chaîne qui le liait lorsqu'on l'amena d'Ephèse à Rome, et une partie du vêtement de pourpre dont Jésus-Christ fut habillé par dérision.

De saint Jean de Latran, nous nous rendons processionnellement à la *Scala Santa* au chant du *Miserere* et à la récitation du *Pater et de l'Ave* en l'honneur des saintes Plaies du Sauveur. Notre recueillement est profond et prend une teinte de tristesse ; comment ne pas gémir sur nos fautes et ne pas avoir le cœur touché de compassion en pensant à tout ce que Notre-Seigneur a souffert pour le rachat de nos âmes. Qui dira notre émotion quand nous gravissons ce saint Escalier et baisons ces marches où par intervalle on voit encore des taches du précieux Sang !... En haut du saint Escalier, est le Sanctuaire *Sancta Sanctorum*, ancien oratoire particulier des souverains Pontifes qui l'ont enrichi d'un grand nombre de reliques précieuses. On y vénère la célèbre image de Notre-Seigneur, de grandeur naturelle, peinte sur bois, commencée, dit-on, par saint Luc et terminée par les anges.

Le *quatrième jour,* à saint Pierre, près de l'autel de la Chaire ; nous avons un beau sermon par le Père Marie-Antoine, et notre procession se déroule plus majestueusement encore à saint Pierre, que partout ailleurs, au chant du *Tu es Petrus* et du cantique gloire au Pontif universel, et c'était bien le cas. Après notre cérémonie, nous parcourons et admirons de nouveau cette incomparable basilique dont les nombreuses chapelles sont grandes comme des églises ; nous nous arrêtons surtout à celle du Concile. Dans chacune de ces chapelles, il y a un certain nombre de tombeaux de Papes.

Le *cinquième jour,* c'est dimanche, nous sommes libres d'entendre la sainte Messe où nous voulons pour nous prendre moins de temps à cause de l'audience du Saint Père et de nos petits préparatifs de toilette spéciale : les hommes doivent être en frac, les femmes en noir avec un voile ou plutôt avec la mantille italienne, tulle, crêpe ou dentelle. Un de nos prêtres devait nous dire la messe à la prison Mamertine ; mais il fit de l'orage toute la nuit, et, ce matin encore, il fait trop mauvais pour que nous allions si loin. Au plus près donc, et c'est à sainte Marie des Miracles. Nous déjeunons ensuite et nous nous mettons à notre toilette, cirant, frottant notre unique paire de chaussures ; secouant, brossant notre unique robe et vêtement que déjà nous portons depuis onze jours et qui plus d'une fois ont été endommagés par la pluie, notre hôtesse nous coiffe artistement de notre mantille ; nous sommes passables... ; nos messieurs endossent leur frac de location, et ne s'admirent pas, M. H... surtout fait une moue, je ne vous dis que cela... Nos prêtres, comme la veille, se mettent en quête d'un manteau romain qu'ils ne trouvent pas et s'en passent... Le temps se met au beau, le soleil est radieux. Nous nous hâtons vers le Vatican et nous y arrivons à l'heure indiquée, onze heures, et bientôt nous sommes au complet, 750, dit-on. On nous range, les pélerins de Jérusalem d'abord autour de leurs croix des navires qu'ils apportent au Saint-Père, puis ceux qui dès le début font partie du pèlerinage, ceux qui nous ont rejoints à Rome et enfin les Français habitant Rome et d'autres personnes favorisées, ce qui fait quatre catégories qui ont chacune des cartes distinctes.

Le révérend Père Picard nous donne des avis et nous intéresse, le temps passe ainsi et vite encore malgré notre impatience de voir le souverain Pontife. Enfin, midi sonne, un mouvement se produit et le Pape fait son entrée solennelle : deux officiers de la garde-noble, l'épée nue, précèdent les camériers

secrets et les prélats domestiques ; les cardinaux
prennent place aux deux côtés du trône où montent
le saint Père. Nous tombons à genoux et recevons
une première bénédiction ; nous nous relevons
émues et tremblantes sous les impressions qui nous
envahissent. Dans ce seul instant, notre âme a
grandi, elle a franchi des espaces incommensura-
bles et s'est élevée à des hauteurs que nous ne
soupçonnions pas ou qui nous eussent paru inac-
cessibles. Nous ne nous souvenons de la terre que
pour penser à nos familles, à nos amis, à tous ceux
que nous estimons où qui se sont recommandés à
nous pour cette grande occasion, et que nous voudrions avoir avec nous. Pour savoir ce que c'est
que le Pape, il faut le voir et se sentir sous son
regard ; on se sent tout près du ciel, car qu'y a-t-il
qui le sépare de Notre-Seigneur avec qui il communique directement pour nous distribuer la lumière
et les paroles de la vie éternelle ! Satan peut bien
frémir de rage et déchaîner toute sa fureur contre
le Saint-Siège et la Souveraineté de Pierre : le Pape
est le porte-lumière infaillible, tandis que lui, le
Lucifer des premiers temps, mais l'insoumis, le
rebelle, est devenu l'ange des ténèbres, de l'erreur
et du mensonge... Quel châtiment pour cet orgueil-
leux qui, né dans la lumière et pour la lumière,
voulait s'élever à de plus sublimes clartés encore !...

Parmi les cardinaux présents à l'audience, on
remarque L. Em. les cardinaux Di Pietro, doyen du

Sacré-Collége, Sacconi ancien nonce à Paris, sous-doyen du Sacré-Collége ; Bilio, grand pénitencier ; Bonaparte ; Ferrieri, préfet de la Congrégation des évêques et réguliers de la discipline régulière ; Chigi, ancien nonce à Paris, grand prieur comman-deur à Rome de l'Ordre de Jérusalem ; Martinelli préfet de la Congrégation de l'Index ; Ledochowski, l'illustre archevêque de Posen ; Franzelin de la Compagnie de Jésus ; Howard ; Alimonda ; Jaco-bini, secrétaire d'état ; Sanguigni, Hassum, l'illus-tre cardinal du rite arménien ; Consolini ; Sbarretti, préfet de l'Economie de la Propagande ; de Falloux ; Pecci, frère de sa Sainteté ; Zigliara, de l'Ordre des Frères-Prêcheurs, qui porte l'habit blanc sous le manteau de pourpre. Le Pape fait son entrée accom-pagné de monseigneur Macchi, maître de la Cham-bre, et de Monseigneur Théodoli, majordome de Sa Sainteté.

Le Révèrend Père Picard lit au Saint-Père une adresse que nous avons tous signée ; sa Sainteté répond avec une grande bonté, avec une tendresse toute paternelle et des accents émus et pathétiques ; il nous dit son affection, sa joie de nous voir, nous parle de ses tristesses et nous remercie d'être ainsi venus lui sécher une larme ; il nous dit qu'il nous bénit, nous, nos familles, nos amis et tout ce qui nous est cher dans l'ordre spirituel et temporel. On lui remet notre commune offrande qui se monte à plus de *quatre mille francs*. Cette somme est toute en or et renfermée dans un coffret de cristal. Nous sommes ensuite appelés à aller à lui chacun à notre tour : nous nous prosternons devant sa Sainteté, pour lui baiser les pieds et l'anneau ; chacun lui fait une demande qu'il accueille avec bonté, elle consiste pour nous dans une bénédiction spéciale à toutes nos intentions en ce qu'elles ont de conforme à la volonté de Dieu et nous les multiplions le plus que nous pouvons. Le Père Picard se tient debout à sa gauche, prend nos cartes et lui lit nos noms et notre pays, et nous nous relevons sous la bénédiction du Saint Père. Cette cérémonie terminée, le Pape prend congé de nous en nous bénissant encore une fois.

Une autre faveur nous est réservée : on nous annonce que mercredi prochain le Saint Père nous dira la Messe, ce sera dans la salle du Consistoire. On nous invite à aller ce soir à *santa Maria in transtevere* où se célèbre pompeusement le centenaire de sainte Thérèse : nous y serons ! Nous nous retirons, le cœur inondé de joies indicibles. Il est bien deux heures et demie, nous prenons notre réfection et nous nous dirigeons vers *Santa Maria*.

Le temps s'est assombri et il pleut, nous voudrions une voiture, elles sont toutes prises ; les tramways et omnibus sont au grand complet ; aller à pied sous la pluie n'est pas très-agréable, mais n'importe ! Pourtant, quand nous sommes au pont *Sixto* la pluie tombe tellement fort que nous jugeons prudent de battre en retraite et d'aller nous abriter sous un porche, mais déjà nous sommes trempées. Une pluie si extraordinairement battante ne peut durer longtemps, et bientôt nous continuons notre marche, ne sachant trop où mettre le pied tant il y a d'eau. Nous arrivons enfin. L'église est comble et la foule regorge au dehors : tout y est lumière, soie, et or, la Sainte est dans une gloire ; c'est splendide, mais toutes les beautés artistiques disparaissent sous de magnifiques tentures et le beau pavé en mosaïque est littérallement couvert par la multitude. La musique et les chants sont sublimes et exécutés par des Maîtres dont nous avons oublié les noms. Non seulement l'église est illuminée, mais aussi la place et tout le quartier ; c'est un spectacle féérique. La foule se presse dans les rues et on ne circule qu'avec peine. *Santa Maria in translevere* est une très-belle église, basilique du second ordre, la première église publique de Rome et la première dédiée à la très sainte Vierge ; on y remarque 21 colonnes de granit antiques dont quelques unes ont encore leurs chapiteaux ornés des images des faux dieux. Le pavé est composé de porphire, de vert antique et de marbres rares. On y conserve la pierre qui fut attachée au cou de saint Calixte lorsqu'on le précipita dans un puits pour le noyer, et une pierre qui porte encore les traces du sang de sainte Dorothée. On y voit aussi l'endroit où jaillit une fontaine d'huile peu de temps avant la naissance de Notre-Seigneur, ce qui présageait, dit-on, cet heureux évènement. On y vénère plusieurs images miraculeuses de la très sainte Vierge.

Le *sixième jour,* nous avons nos exercices à

sainte Croix de Jérusalem qui fait partie d'un couvent de Cisterciens maintenant à moitié spolié; nous y éprouvons les plus vives émotions, cette basilique possède un des clous du Crucifiement; nous nous sentons pâlir et trembler et nous avons les larmes aux yeux en le baisant. Tout ici rappelle le sacrifice du Calvaire. Avec ce précieux clou, il y a encore trois morceaux considérable de la Vraie Croix, deux saintes Épines et le titre de la Croix. O Jésus, ô douce victime, comment nos cœurs restent-ils ainsi glacés, quand ils devraient se briser au souvenir de tant de souffrances, de tant d'amour !... Et nous disons en nous-mêmes : *Sancta Mater istud agas*... Oui, sainte Mère de Dieu imprimez fortement dans nos cœurs les plaies de Jésus crucifié !... On y vénère plusieurs autres reliques, entr'autres le doigt de saint Thomas qui s'introduisit dans les plaies du Sauveur. Nous sortons en procession pour nous rendre encore une fois à *Scala Santa ;* nous avions désiré vivement d'y retourner, et nos vœux sont comblés. Nous gravissons le saint Escalier avec une nouvelle ferveur.

Il est midi passé : nous nous sommes mises à la recherche d'un restaurant passable, et nous voici installés à nous six, les inséparables, autour d'une table dans un jardin pour y prendre notre premier repas. Nous avons grand faim, nous sommes fatigués et quelque peu épuisés; mais quand nous aurons pris notre réfection, il faudra nous voir !... Un potage, un plat de viande, un plat de petits choux, des pommes de terre frites — en Italie, on excelle pour les pommes de terre frites — des fruits, le café et... en route ! — ici le café est fort bon et pas cher, quinze à vingt centimes. — Nous arrivons à saint Pierre-ès-liens où sont conservées les chaînes de saint Pierre qu'on ne montre que trois fois par an ; mais devant nos cartes de pèlerins, on introduit vite les clés dans les serrures, on tourne une manivelle, le lourd volet se déplace et les chaînes précieuses apparaissent. Pendant que nous les vénérons, un de nos prêtres dit la prière usitée. Nous allons ensuite à l'achat des fac-simile qui sont bénits et ont touché les chaînes. Nous visitons l'église et nous voici en face de ce fameux Moïse de Michel-Ange qui faisait partie des quarante statues de même dimension et qui devait entrer dans la composition du tombeau de Jules II. Michel-Ange ne put que commencer son gigantesque travail et il n'acheva que trois statues. Pour son Moïse, il emprunta, dit-on, la figure de Jules II : « c'est bien le même œil creusé profondément dans une orbite osseuse, dit un historien, la même barbe qui tombe en flots épais sur la poitrine, le même front, haut et lumineux, et largement plissé par l'exercice continu de la pensée. »

Nous nous rendons à Notre-Dame des Monts où saint Benoit Labre priait ordinairement ; on y voit encore sa pauvre chaise et on y vénère la Vierge devant laquelle il priait, mais, comme tout autre chose précieuse, elle est maintenant renfermée, on nous la découvre. Le corps du Saint est scellé dans la muraille. Nous visitons la maison du boucher qui est tout près et que l'on a achetée pour la convertir en chapelle.

Mais le temps passe, et nous devons être à saint Laurent hors les murs à quatre heures ; nous nous orientons mal et nous faisons passablement de détours, nous arrivons au beau milieu de la cérémonie, mais assez tôt pour la vénération des Reliques et pour la visite au tombeau de Pie IX. Entr'autres Reliques, nous vénérons des pierres qui ont servi à la lapidation de saint Etienne, de la graisse de saint Laurent recueillie pendant qu'il était sur le gril... Voilà qui nous donne le frisson et de l'effroi, comme à sainte Marie Majeure, quand on nous présenta ces énormes tenailles qui servirent à déchirer la chair des martyrs. Nous nous rendons au tombeau de Pie IX en chantant le cantique : Gloire au Pontife universel ! et c'est avec un filial transport que nous disons et répétons : « *à lui nos cœurs, c'est notre Père !* » Nous chantons aussi le *Tu es Petrus;* devant le tombeau, nous nous mettons à genoux et récitons le *De profondis...* Un prélat Romain préside à notre cérémonie et nous adresse un discours très sympathique et qui témoigne de sa haute dévotion envers Pie IX : il nous dit qu'il faisait partie du cortège lors de la translation de ses précieux restes et qu'il fut blessé dans la bagarre, lorsque les seïdes de la révolution voulaient s'en emparer pour les jeter dans le Tibre. Nous l'écoutions avec le plus vif intérêt. On fait toucher au tombeau les objets de piété que nous avons sur nous, et nous nous rendons par groupe au *Campo-sacro*, magnifique cimetière. Nous allons au monument élevé à la mémoire de nos zouaves pontificaux, et nous récitons pour eux un *De Profundis*. Le Père Hippolyte est avec nous et nous recommande d'aller prier sur la tombe d'une personne qui, pendant le pèlerinage de l'an passé, offrit sa vie à Dieu pour l'Eglise et la France, au tombeau de Pie IX ; le soir même, elle fut prise d'un mal subite à saint Jean de Latran, et elle mourait trois jours après. La basilique de saint Laurent n'est pas très belle, mais elle renferme beaucoup d'antiquités, colonnes, sarcophages, etc.

Le *septième jour*, nous avons notre Messe, nous communions à la Confession des saints Apôtres ; nous visitons les cryptes et les catacombes de saint Pierre et faisons l'ascension du dôme :

« La porte qui y conduit s'ouvre dans la nef de gauche, en face du tombeau des Stuarts, par Canova, sur un large escalier de cent quarante deux marches, où plutôt une rampe si douce, que l'on peut le faire gravir à des bêtes de somme chargées des matériaux nécessaires pour les réparations. Au sommet de cette rampe s'ouvre une vaste place dont les ondulations dessinent les formes extérieures des trois nefs qu'elle recouvre. Çà et là bombent comme des collines artificielles dix petites coupoles, dont six ovales et quatre octangulaires formant une double chaîne au centre de laquelle se dresse une tour

énorme qui n'est autre que le tambour cylindrique
sur lequel repose le Dôme géant. Tout autour de la
plate-forme règne une balustrade en pierre sur
laquelle, du côté où elle domine la place, se dressent à égale distance les uns des autres, treize rochers rappelant, par leurs formes grossières, ces
pierres druidiques que le voyageur traversant la
Bretagne aperçoit fichées en rond, rangées en file où
plantées isolément au milieu de l'âpre et triste lande.
Ces rochers debout sont les statues colossales du
Christ et des Apôtres sculptées seulement par devant
mais si brutes par derrière qu'il faut un moment
d'examen pour se rendre compte de ce qu'est cette
grossière décoration. De cette balustrade, on découvre une partie de la ville et de la campagne romaine dans laquelle le Tibre promène entre les
collines, le cours tortueux de ses eaux fauves et
bourbeuses.

« Une sorte de petit village occupe ce vaste espace:
les maisonnettes couvertes de tuiles, les cabanes de
planches, les huttes, moitié plâtre et moitié boue,
s'y pressent de la manière la plus irrégulière. Ce ne
sont pas à proprement parler, des habitations,
puisque chaque soir, les nombreux ouvriers qui les
occupent dans le jour, redescendent après avoir
terminé leur laborieuse journée, mais dans le jour,
elles en jouent le rôle; et il n'est pas étonnant
qu'en voyant jouer des enfants sur le seuil, des
femmes étendre leur linge, des ouvriers battre

le fer, etc., des observateurs superficiels s'y soient laissé tromper. Il y a en outre des huttes pour remiser les bêtes de somme et les chariots destinés au transport des matériaux, etc, etc ; un puits a été établi en arrière de la grande tour pour le besoin du ménage et des travaux.

« Un escalier de vingt huit marches conduit au soubassement du tambour ; là, on rentre dans l'édifice, dont les murs ont une telle épaisseur qu'on a pu ménager dans leur masse, non-seulement des corridors, mais de nombreuses chambres servant, elles aussi, de dépôts et de magasins. Un de ces corridors ouvre dans l'intérieur du dôme et donne accès sur le grand entâblement garni d'une rampe en fer, d'où le regard tombe perpendiculairement dans l'église qui semble plongée au fond d'un abîme. Ici, on se trouve entre deux effrois, la profondeur à laquelle on aperçoit la Confession de Saint-Pierre, entourée d'un brouillard bleuâtre, et la hauteur à laquelle s'arrondit la coupole. Autour de vous, tout est étonnement, l'entâblement qui d'en bas apparaissait comme une simple moulure, bien qu'il ait deux mètres et plus de large, l'inscription fameuse : Tu es Petrus... dont les lettres ont grandi de six pieds, et les fresques qui, vues de près, deviennent par leur énormité nuageuses et indécises comme un objet qui, vu à la loupe, se déforme quand on recule la lentille pour obtenir un grossissement exagéré. Entre les deux coupoles superposées, se continue l'escalier en colimaçon, de quatre vingt dix marches, pour arriver aux premières fenêtres de la coupole, d'où le regard plonge pour la seconde fois dans l'abîme effrayant au fond duquel le baldaquin, vu d'en haut, s'aplatit au point de ne plus faire qu'un point noir entouré d'un cercle de feu. Cependant, cette halte n'est pas la dernière, l'escalier continue toujours sa spirale sans fin, et ce n'est qu'après avoir longtemps tourné, que l'on arrive à la lanterne, point le plus élevé où l'on puisse jouir, en les comparant, du double spectacle de l'intérieur de la basilique de plus en plus circonscrit et terrifiant, et du splendide panorama embrassant à la fois Rome, sa campagne verdoyante, les collines d'Albe à l'Etrurie, et le vieux monde latin des monts Sabins à la mer. La boule dorée plane à trente mètres plus haut on y arrive par une échelle de fer plantée à pic dans l'étranglement qui lui sert de base. »

Un de nos prêtres va jusqu'à la lanterne et M. H... à la boule. Nous descendons avant eux et les attendons en bas ; des pèlerins viennent à nous et nous disent qu'on a accès aux jardins du Vatican. Voilà une agréable surprise et une bonne nouvelle que nous avons hâte de communiquer à nos chers compagnons ; viennent-ils ?... les voici... « Eh bien ! nous disent-ils, où allons-nous maintenant ? » Nous sourions et prenons un petit air mystérieux, nous répondons enfin : « aux jardins du Vatican !... » — « Hein ?... pas possible !... » — « Mais si, et plusieurs déjà en sont revenus. » — « Allons vite,

alors, allons vite !... » Nous sommes à jeun, il est
près d'onze heures, n'importe !... mais voici des
marchands de raisins et de beaux petits pains tout
frais ; nous en achetons et prenons bien volontiers
cet à-compte, car nous avons faim, notre lever
matinal, notre course pour gagner saint Pierre,
notre ascension du dôme, tout cela nous a mises en
appétit. Nos Messieurs ont pris une tasse de cho-
colat à la sacristie de saint Pierre.

Avec quel transport de joie nous pénétrons dans
les jardins du Vatican ! c'est pour nous quelque
chose du Paradis terrestre ; c'est le seul lieu en
plein air où le saint Père pose maintenant le pied
et nous sommes censés être sous son regard, car il
peut nous voir de ses fenêtres et sourire à nos ébats.
Les nombreuses allées sont sillonnées de pèlerins
qui vont et viennent dans toutes les directions, se
croisant, se souriant, échangeant une joyeuse exclamation, ramassant les feuilles, les petites oranges
tombées et voire même les glands, les marrons... Un
des gardiens voyant notre empressement à ramas-
ser tout ce que nous pourrions fouler aux pieds, et
jugeant par là du mobile qui nous fait agir, notre vénération pour tout ce qui touche au Souverain Pontife,
nous cueille et nous offre de belles oranges avec
queues et feuilles aussi bien qu'une belle, une incomparable rose... Ils sont beaux et vastes les
jardins du Vatican, et agrémentés de fontaines dis-
posées en jets, en cascades... Il y a des terrasses et
carrés entiers d'orangers en pleine terre ; de larges

allées couvertes. En pénétrant dans l'une d'elles, nous nous trouvons devant une grotte renfermant deux statues et une fontaine avec cette inscription : Allez boire et vous laver !... C'est la grotte de Lourdes, c'est Notre-Dame, c'est Bernadette et l'eau miraculeuse... Nous en puisons dans le creux de la main et nous buvons... Lourdes, Lourdes, qu'il nous est doux de retrouver ici ton souvenir !... On nous avertit doucement et en souriant que l'heure passe, et quand, une demi heure après, on nous retrouve, on se met à rire en nous désignant la sortie ; mais, si nous avions le loisir d'y rester encore, je crois qu'on ne nous chasserait pas : ils sont bons, très-bons ces gardiens ! tout ici respire la douceur et la paix.

Nous voici dans les escaliers, dans les vestibules, les cours, cours de service, cour d'honneur, nous y égarant à plaisir, et ne rencontrant que des figures bienveillantes... Pourtant, il nous faut sortir et c'est à regret. Que Dieu console son Pontife et donne encore de longs jours à Léon XIII pour la gloire de son église et pour le bien des peuples !...

Il est midi et demi. Nous déjeunons dans un restaurant en bas de la place saint Pierre, nous prenons l'omnibus et rentrons chez nous ; il pleut, il tonne ; nous écrivons une lettre et disons tout notre bonheur avec la plus mauvaise encre qu'il soit possible ; nous embeaumons cette lettre en y renfermant quelques pétales de notre belle rose, elle est adressée à deux amies et plusieurs qui nous sont sympathiques la liront avec intérêt; elle provoquera l'enthousiasme, on nous enviera... Si cela pouvait faire aller à Rome !... Oh ! nous sommes bien plus dignes d'envie qu'on ne pourrait le croire !...

L'orage est passé, il fait très-beau maintenant; nous sortons pour la visite de quelques églises du voisinage, d'un *San Carlo* — il y en a plusieurs à Rome — où on nous fait vénérer une relique de saint Charles Borromée. Nous allons au mont Pincio, à la villa Médicis; c'est très-vaste et fort beau : larges allées, nombreux détours, on s'y promène à cheval, à pied, en voiture; beaux arbustes, arbres magnifiques; statues en pied, statues équestres, bustes surtout; beau promontoire. On y arrive par une rampe très-douce, et là nous jouissons du plus beau spectacle : ravissant coucher de soleil, vue du Dôme, des monts, etc. Le panorama est splendide !... nous dînons dans un restaurant du *Corso,* c'est là que nous sommes le mieux et le plus avantageusement; nous ne mangeons que rarement à notre hôtel : nos chambres n'étant pas chères, on essaie de se rattraper sur les repas.

Le *huitième jour* — c'est le dernier — messe au Vatican, salle du consistoire, par le très saint Père. Nous pouvions aussi assister à une messe à la chapelle Pauline, et y communier, mais c'était un peu matin. Avant de monter à l'autel le saint Père nous bénit; il nous bénit à la fin de sa messe, il entend une messe d'actions de grâces et nous bénit encore; on se jette à sa rencontre et il bénit, il bénit tou-

jours... Il dit avec émotion : « Reviendrez-vous ?... »
beaucoup lui répondent « Oui » et d'autres disent
en eux-mêmes : « Nous voudrions bien revenir !...
mais c'est déjà si bon d'être venu une fois ! c'est
une bien grande grâce, c'est une joie qui rayonnera
sur toute notre existence. »

Les salles du Vatican nous sont ouvertes ; déjà,
et cela dès le premier jour, nous avons vu les galeries des tableaux et tous les chefs-d'œuvre de nos
grands Maîtres ; les galeries aussi des tapisseries ;
tout cela est admirable ! Passons aux Antiques,
c'est incomparable, et on est interdit à la vue
d'un si grand nombre d'objets d'art. Galeries des
statues, pas n'est besoin d'être connaisseurs pour
voir que c'est beau, bien beau ; que c'est d'un fini,
d'un parfait inimitable. Salle des animaux, c'est
fort curieux et très intéressant. Salle des bustes,
nombreux bustes romains et grecs ; sarcophages ;
beaux candélabres avec bas-reliefs. Dans la salle
ronde on remarque au milieu, un vaste bassin de
porphyre rouge, provenant des termes de Titus ;
une statue d'Hercule en bronze doré etc. Musée
Etrusque où sont réunis, dans douze salles, les
objets les plus précieux de l'archéologie italienne :
sarcophages, bas-reliefs, vases, objets en bronze,
bijoux, peintures sépulcrales etc ; c'est magnifique.
Musée Egyptien : statues colossales, sarcophages,
animaux sacrés... Tout cela est d'un grand intérêt.
On n'a pas de peine à croire que les musées du
Vatican sont les premiers du monde. Nous y pas-

sons un temps considérable et nous allions de surprises en surprises.

Nous pouvons visiter la bibliothèque Vaticane, mais déjà il est tard et nous sommes fatiguées. Nous entrons à saint Pierre pour y prier et admirer encore : quel travail que ces mosaïques ! Nous sommes toujours profondément émotionnées à la vue de ces nombreux tombeaux de Papes ; nous baisons encore une fois et toujours avec plus de dévotion le pied de ce colossal saint Pierre, magnifique statue coulée avec le bronze de la statue de Jupiter capitolin.

Nous déjeunons au Corso ; la matinée avait été superbe, mais le temps se couvre tout d'un coup, s'abaisse, s'assombrit à tel point que nous n'y voyons plus pour manger, malgré les trois où quatre ouvertures : il faut allumer le gaz ; il pleut à torrent et le tonnerre roule avec fracas ; nous attendons que l'orage soit passé, et rentrons chez nous pour faire nos sacs de voyage, car hélas ! c'est ce soir que nous quittons Rome ! Nous allons à saint Augustin où nous avons réunion, salut et ensuite procession vers la Madone miraculeuse que l'on vénère en lui baisant le pied, cérémonie fort touchante. Les Pères Augustins qui desservent cette église mettent à notre disposition des chapelets fort laids, très mal montés et incomplets pour la plus part ; mais très précieux parce que ce sont les derniers que Pie IX ait bénis ; on se les arrache, et nous pouvons en avoir quelques-uns, grâce à M. H...

Que de merveilles à Rome ! que de choses
à voir et nous voyons bien des choses, car
nous ne ménageons pas nos jambes et ne calculons
pas avec nos forces : nous sentons que Dieu est
avec nous et nous protège. Pour suffire à toutes nos
fatigues — nous ne sommes pas habituées pour la
plupart à un tel exercice, — pour nous soutenir
dans un état normal de santé, il nous faut assuré-
ment une grâce d'état et nous l'avons, méritée un
peu par notre confiance en Dieu et beaucoup par les
prières et la sollicitude des directeurs du pèlerinage.
Ils se sont chargés de nous et ils en sentent toute la
responsabilité : ils s'inquiètent de nos santés, ils
nous demandent de leur faire connaître s'il y a des
malades, nous recommandent d'être prudents, de
ne pas entrer dans les cryptes, églises, catacombes
quand nous avons trop chaud... On ne se range pas
toujours à ces avis, car pour arriver à nos lieux de
réunions nous avons souvent à fournir une longue
course, nous nous hâtons et entrons de suite ne
voulant pas être en retard. Le soir on est parfois
bien fatigué, on a les pieds tout endoloris et quelque peu blessés, on tire ses bas comme on peut, on
se couche, et le lendemain on se lève frais et dispos ;
on sourit à Dieu et on recommence ses pieuses péré-
grinations avec une nouvelle ardeur. « Nous avons
levé les yeux vers les montagnes d'où nous vient le
secours ; notre secours est dans le nom du Seigneur... » Et nous avons reçu cette assurance :
« Celui qui te garde ne dort pas, non il ne dormira

pas, celui qui garde Israël ne s'endort jamais. Le Seigneur est le protecteur qui veille à ta droite : le soleil ne te nuira point durant le jour, ni la lune durant la nuit... » Nous n'avons donc rien à craindre de la chaleur ni de l'humidité.

IV

Dès le lendemain de notre arrivée, nous voulons voir le Forum ; mais nous ne pouvons que le parcourir bien qu'y employant presque l'après midi. Nous y revenons le jour suivant pour le visiter plus en détail. Le Forum était proprement dit le lieu où s'assemblait le Sénat et où s'agitaient les destinées du monde ; c'est de plus un vaste emplacement, un vaste champ qui s'étend au loin et renferme un grand nombre d'édifices payens en ruine. Çà et là, on y rencontre une église chrétienne qui témoigne de la prise de possession de ce lieu, par Jésus, lumière du monde et vainqueur des ténèbres et de l'erreur. Ces ruines sont imposantes par les souvenirs qui s'y rattachent ; mais on sent que la justice de Dieu a pesé là de tout son poids : au souvenir de cette puissance si audacieuse et maintenant anéantie, de cette gloire humaine maintenant disparue et à jamais humiliée, l'âme chrétienne tressaille et s'écrie dans un transport de joie ineffable : « Dieu seul est grand ! » On se rappelle aussi cette affirmation, ce cri de dépit de Julien l'Apostat : « Galiléen, tu as vaincu! » Oui, Jésus a vaincu et lui seul est grand !... C'est l'idée qui domine en face de ce vaste camp désolé.

Voici la Voie dite Sacrée par où les triomphateurs montaient au Capitole; le *Tabularium* qui renfermait les tables de bronze contenant les Sénatus-consultes et les décrets du peuple; l'arc de Septime-Sévère, le temple de la Concorde, la colonne de Phocas; les ruines de la basilique Julia; trois belles colonnes d'ordre corinthien attribuées à un temple de Jupiter; le temple d'Antonin et Faustine et la basilique de Constantin; la prison Mamertine où mourut Vercingétorix, ce vaillant des Gaules qui ne put être réduit que par la famine; notre Bourgogne avait bien conservé son souvenir qui fut avivé encore par l'érection de sa statue colossale il y a une vingtaine d'années, sur le mont Auxois, à Alise sainte Reine, théâtre de son action et de sa noble défaite. Jules César le traîna à son char de triomphe, le fit enfermer et égorger dans cette prison. Saint Pierre et saint Paul y furent aussi enfermés après leur condamnation. On y voit encore la source qui jaillit miraculeusement à leurs prières pour le baptème des soldats et des prisonniers; nous buvons de cette eau et nous en emportons, car nous avions eu soin de nous munir d'une bouteille. Les prisons Mamertine sont de sombres cachots froids, humides et profonds de deux étages; on y descendait les prisonniers par un trou circulaire et les gardiens y

avaient accès par un escalier dérobé très étroit ;
maintenant on y descend par un escalier que fit
faire Monseigneur Forbin-Janson évêque de Nancy ;
il érigea aussi à ses frais un autel dans la prison
même pour qu'on put y dire la Messe. Une église
dédiée à saint Pierre *in carcere* est batie au dessus
de la prison.

L'*Ara Cœli*, église et couvent de franciscains,
bâtis sur l'emplacement même du temple de Jupiter
capitolin et de la fameuse tour Manlius du capitole
si célèbre par ses oies renferme mille objets précieux : une vierge miraculeuse attribuée à saint Luc ;
c'est cette statue qui fut portée à la procession où
l'on entendit retentir dans les airs le *Regina cœli*
sous le pontificat de saint Grégoire-le-Grand ; dans
la sacristie il y a une statuette de l'enfant Jésus
appelée *Santissimo Bambino*, qu'on dit avoir été
sculptée au XVI siècle d'un morceau d'arbre du
jardin des Oliviers, par un religieux de saint François. Voici ce qu'en dit un auteur : « Cette statuette
a soixante centimètres de longueur, est recouverte
de soie blanche et ornée de perles et de pierres
précieuses. Le jour de Noël, on l'expose, dans une
crèche, couchée sur la paille. Ses langes sont couverts de diamants et de pierres précieuses qui lui
ont été offerts en ex-voto. Les personnes mourantes
se font apporter à leur lit de douleur cette sainte
image. Le *Santissimo Bambino* a une voiture qui
lui appartient, et, quand on le conduit quelque part,
le religieux laisse pendre par la portière un coin de

son étole ; le peuple romain ne manque jamais de se mettre à genoux sur son passage. »

« Au 'sortir de la sacristie, chapelle de sainte Hélène, on lit sur la frise une inscription latine qui indique que cette chapelle a été bâtie au lieu même où l'on croit que la très-sainte Vierge Marie, tenant son Fils entre ses bras, se fit voir à l'empereur Auguste, dans le ciel, au milieu d'un cercle d'or. Cette inscription fait allusion à l'oracle rendu un jour par Apollon à l'empereur Auguste qui le consultait. « Un enfant hébreu, dit Apollon, Dieu lui-même et maître des dieux, me force à quitter la place et à rentrer tristement dans les enfers. Désormais, retire-toi sans réponse de mes autels. » Vivement frappé de cet oracle, Auguste vint au Capitole où il fit ériger un autel à l'Enfant-Dieu avec cette inscription : *Ara Primogeniti Dei,* autel du premier né de Dieu. Après trois jours, Auguste vit le ciel ouvert, et, sur un autel, une vierge tenant en ses mains un petit enfant ; puis il entendit une voix qui disait : « *Hæc ara Filii Dei est,* c'est ici l'autel du Fils de Dieu. » En conséquence, l'empereur ne voulut pas être appelé dieu et fit ériger l'autel. »

On monte à l'Ara Cœli par un escalier de 124 marches.

Il y a encore au Forum les églises de saint Laurent sur le temple d'Antonin et Faustine, de sainte Anastasie ; les arcs de Titus et de Constantin, le palais des Césars, la Maison dorée de Néron ; un amon-

cellement considérable de bien d'autres ruines et...
le Colysée!... Oh! le Colysée! on ne peut sans être
ému jusqu'aux larmes, pénétrer dans son enceinte,
dans cette arène sacrée où tant d'âmes généreuses
se sont envolées vers Dieu. On se prosterne, on baise
avec respect ce sol trempé du sang de tant de martyrs...
Au souvenir de si rudes combats, la chair frissonne
et l'âme a des épouvantes au sentiment de sa faiblesse; mais fortifiée par la grâce, elle se relève
bientôt et peut s'écrier avec l'Apôtre : « Je puis tout
en Celui qui me fortifie ! » et on jette le défi à tous
les ennemis du nom de Jésus; On porte un long
regard sur ces étages circulaires jadis si animés,
aujourd'hui en ruine et déserts : le jugement de Dieu
y a passé; c'est bien là « qu'il avait préparé une
lumière pour son Christ, tandis que ses ennemis
devaient être couverts de confusion. » Où êtes-vous,
foules tumultueuses et sanguinaires ? où êtes-vous,
féroces empereurs? fiers Césars, où êtes-vous ?... Et
vous, saints Martyrs, vaillants défenseurs du nom de
Jésus, qu'êtes-vous devenus ? Quelle est maintenant
votre gloire et quelle est la confusion de vos ennemis, de ceux qui vous humiliaient et voulaient
vous anéantir ? Comme réponse, ce magnifique
passage des Psaumes nous vient à la mémoire :
« Dieu glorifie et sauve les humbles ; les saints
triompheront dans la gloire, ils se réjouiront
dans leur repos; les louanges de Dieu seront sur
leurs lèvres et des épées tranchantes en leurs mains
pour tirer vengeance des nations, pour châtier les

peuples, pour charger les rois de chaînes et mettre leurs princes dans les fers ; ils exécuteront le jugement rendu contre eux, c'est ainsi que Dieu glorifie ses saints, » et qu'il confond ses ennemis.

Dans ce lieu béni, dans cette arène sacrée que des sectes impies essaient de déchristianiser, car déjà ils en ont enlevé la Croix, mais que les vrais fidèles n'oublieront jamais et reconnaîtront toujours, il nous semble que Dieu nous regarde avec plus d'amour, nous unit à lui plus étroitement et nous comble de ses plus douces bénédictions. Nous sortons de ce saint lieu avec le même recueillement que d'une église où nous aurions fait la plus fervente communion. Nous nous dirigeons ensuite vers les Catacombes de saint Calixte qui sont à deux kilomètres au delà de la porte saint Sébastien que nous mettons un long temps à atteindre. Un peu en dehors de cette porte, se trouve l'église du *Domine quo vadis* qui marque l'endroit où saint Pierre rencontra Notre-Seigneur ; on y vénère le fac-simile de l'empreinte des doigts de Notre-Seigneur, la pierre qui porte la véritable empreinte est dans la basilique de saint Sébastien. On ferait ici une bonne méditation, mais nous n'avons que le temps de nous demander ce que Rome serait actuellement si Jésus ne se fût trouvé là pour renvoyer Pierre à sa mission, à son sacrifice...

Nous poursuivons notre route sur la voie Appienne bordée de Colombarium, espèce de monuments funéraires ayant la forme d'un colombier ; à gauche est

le tombeau de Scipion l'Africain. Il fait très chaud
et la voie est couverte de poussière et nous en avons
jusqu'aux chevilles.

La voie appienne est celle que suivirent St Pierre
et St Paul, lorsqu'on les conduisait au supplice ;
c'est aussi celle que parcourut le Très saint Père
Pie IX quand il se rendait en exil à Gaëte pour se
soustraire à la pression aussi bien qu'aux fureurs
de la révolution contre laquelle il protestait de toutes ses forces. Et maintenant, nous sommes dans la
campagne romaine qui s'étend au loin : « La solitude aux environs de Rome a un caractère grandiose et sévère qu'on ne retrouve que là et dont rien
n'approche ; ce n'est point, comme on pourrait se le
figurer, une plaine plate et désolée, mais plutôt une
succession de collines basses, revêtues d'une végétation vigoureuse, mais où les arbres n'apparaissent que de loin en lon, et qu'encadrent d'un côté la
mer étincelante sous les rayons de la lune, de l'autre
les montagnes de la Sabine, notre muraille crenelée
de neiges. Dans la nuit, ces vastes espaces, ces
grands écrins de ruines, dont le temps a respecté la
majesté, prennent des proportions gigantesques qui
étonnent quand ils n'effraient pas. »

Nous arrivons haletants aux Catacombes et
nous n'y faisons qu'une courte visite ; on se demande comment les premiers chrétiens pouvaient
vivre dans ces souterrains qui ne sont que de
longs couloirs étroits, froids et humides ; pourtant ils n'étaient ni mornes, ni abattus malgré la

persécution et les privations de tout genre qu'ils subissaient. Ils s'occupaient à peindre des symboles sur les murs, et à ensevelir convenablement les précieux restes des Martyrs qu'ils allaient quérir secrètement au péril de leur vie.

V

Le lendemain, nous revenons aux Catacombes, mais en voiture cette fois, et nous y restons un temps plus considérable ; on nous permet de prendre de la terre dans plusieurs endroits où avaient été déposés des corps de Martyrs, entr'autres de sainte Cécile et de toute une famille patricienne. Nous visitons ensuite saint Sébastien, et vénérons l'empreinte des doigts de Notre-Seigneur. Il y a là aussi le corps de saint Sébastien, le bras de saint André, apôtre, les têtes de trois Papes saints et la colonne à laquelle fut lié saint Sébastien pendant qu'on le perçait de flèches.

Nous gagnons ensuite saint Paul hors les murs, basilique à laquelle on travaille encore et déjà si bien ornée ; le pavé en mosaïque est de toute beauté. On y remarque quatre colonnes d'albâtre oriental, présent du Pacha d'Egypte, et, autour des nefs, les médaillons en mosaïque de presque tous les Papes. Cette église est fort imposante. Près de là se trouve la petite église dite de la Séparation.

Nous avançons vers saint Paul-trois-Fontaines avec la plus grande dévotion ne nous basant que sur ce seul souvenir; c'est là que le grand apôtre eut la tête tranchée et que jaillit miraculeusement une fontaine à chaque endroit des trois bonds que fit sa tête après la décollation. Nous y arrivons et trouvons d'autres souvenirs non moins précieux : c'est ici que saint Zénon et ses compagnons soldats, au nombre de plus de dix mille, furent massacrés par l'ordre de Dioclétien et de Maximien en haine de la foi chrétienne, après qu'on les eut employés à construire des thermes publics. Nous y trouvons en plein le souvenir de notre grand saint Bernard; Saint-Paul-trois-Fontaines est un couvent occupé d'abord par des Bénédictins à partir de 626, sous le pontificat d'Honorius Ier. En 1140, le pape Innocent II en retira les Bénédictins et demanda à saint Bernard de lui envoyer des religieux de son ordre; le saint lui-même y passa huit années; c'est là qu'il eut la vision d'une échelle s'élevant de la terre au ciel, par laquelle les anges conduisaient les âmes délivrées du purgatoire à la suite du saint sacrifice qu'il venait d'offrir. En 1812, Napoléon Ier ayant supprimé les couvents, Saint-Paul demeura désert jusqu'en 1826 où le pape Léon XII l'enleva aux Cisterciens pour le confier, ainsi que saint Sébastien, aux Frères mineurs de l'Observance; mais Saint-Paul n'en continua pas moins à demeurer inhabité et mal tenu; en 1868 Pie IX s'en émut, et le détacha de Saint-Sébastien moyennant compensation aux Franciscains, pour le donner aux Cistercins réformés de la Trappe. L'année précédente, le comte de Maumigny avait offert une forte somme et se dévoua à sa restauration. Les religieux Trappistes furent mis en possession de cette abbaye et commencèrent les travaux d'assainissement sous la haute direction de Monseigneur de Mérode qui leur donna de ses prisonniers pour les aider. Actuellement ils poursuivent l'assainissement de la campagne à l'aide de quatre cents forçats sous la surveillance de cent soldats armés. Le gouvernement les a reconnus comme membres d'une association agricole et forestière et leur donne des encouragements. Le couvent de Saint-Paul-trois-Fontaines et l'église principale sont sous le vocable de saint Vincent, diacre et martyr et de saint Anastase, moine persan, martyr, dont la fête se célèbre comme celle de saint Vincent le 22 janvier. Les deux autres églises sont celle de Saint-Paul et celle appelée Echelle-du-Ciel en mémoire de la vision de saint Bernard. C'est un père expulsé de la grande Trappe de Mortagne qui nous reçoit ; il est très bon, très affable, nous conduit aux trois fontaines, nous donne à boire de ces eaux qui diffèrent de goût, nous emplit de petites bouteilles et une plus grande que nous avions apportées, nous fait remarquer la célèbre mosaïque des quatre saisons extraite des ruines d'Ostie et donnée par le pape Pie IX pour l'ornement de ce saint lieu ; cette mosaïque coûta quatorze mille francs de pose. Ce bon Père nous conduit à la chapelle souterraine où saint Bernard disait sa messe et au caveau ou cachot où saint Paul passa sa dernière nuit. Après nous avoir fait tout visiter, il nous offre un petit verre de liqueur d'Eucaliptus, nous acceptons bien volontiers; — ce sont les religieux qui la font ainsi que l'élixir comme fébrifuge et antidote de la *mal'aria;* — il nous fait remarquer aussi les plantations d'Eucaliptus et nous cueille de petites branches que nous sommes heureuses d'emporter comme souvenir de ce bon Père et de Saint-Paul-trois-Fontaines; nous achetons une bouteille de liqueur et l'histoire du couvent.

VI

En allant et en venant dans Rome, et comme en passant nous voyons bien des choses : voici devant nous le palais du Quirinal, autrefois résidence d'été des Papes et maintenant celle du roi; y entrons-nous ? — Pourquoi pas! pour nous, c'est toujours la propriété du Saint-Siége. Le portier nous indique l'escalier; dans le vestibule, personne! Des portes sont ouvertes, nous entrons; c'est la chapelle : siéges fort beaux, très élégants, très luxueux, et d'un moëlleux sans pareil; essayons-les. Le gardien paraît et nous invite à le suivre; il nous indique le registre; M. H. et son oncle y couchent leurs noms, et on nous introduit : salle d'audience, salle du trône ou royale, salons de réception, c'est splendide ! vastes salles à manger que l'on convertit hélas ! en salles de bal les jours de gala ; salle des vases antiques, c'est original, mais très beau, très riche ; salle des vases modernes, magnifiques Sèvres ; encore de beaux salons, une belle galerie, etc. etc. Le guide qu'on nous a donné est bien convenable et c'est avec un accent de respect presque ému qu'il nous dit : « Voici l'endroit, le balcon où le très-saint Père Pie IX donnait la bénédiction au peuple agenouillé sur la place. » Ce souvenir de Pie IX, nous le cherchions comme autrefois les Israélites l'Arche sainte, et nous aussi, nous le trouvons au milieu *des bois*; mais c'est avec bonheur que nous nous arrêtons où les pieds de notre Père se sont reposés... Victor-Emmanuel, quelle audace à toi d'avoir ainsi substitué ta présence à celle du Souverain-Pontife, quelle responsabilité ! Quel legs funeste à tes successeurs !...

La place du Quirinal ou Monte Cavallo est fort remarquable ; en voici une description fidèle et élégante tracée par une plume bien autorisée : « Cette place est d'un aspect à la fois grandiose et saisissant. Son irrégularité même, que blâmerait un touriste vulgaire habitué à la symétrie de nos villes modernes, ajoute à sa beauté. Découpée sur l'extrême bord du mont Quirinal, et aboutissant à gauche à un magnifique escalier, accostée d'une pente rapide qui va descendant jusqu'à la piazza de la Minerva, elle forme une sorte d'amphithéâtre, dont la partie la

plus élevée atteint presque le niveau de la coupole
de Saint-Pierrè, que l'on aperçoit émergeant de
l'autre côté de Rome, comme un immense balcon
au dessus des palais, des maisons et des ruines
énormes, restes de la grandeur de la ville des Césars. A droite, l'imposant palais de la Consulta; au
centre, les fameux chevaux, de grandeur colossale,
que Constantin fit venir d'Alexandrie, l'obélisque
et la fontaine magnifique, dont les eaux jallissantes
qui ne se taisent ni jour ni nuit, tombent avec fracas
dans une immense vasque de granit déterrée du
forum et transportée là par les soins de Pie VII.
Tout cela formant cadre à l'immense palais du Quirinal, dont la masse sombre se détache sur la ver-
dure des grands arbres de ses jardins et s'ouvre
sur la place par une porte encadrée de colonnes
ioniques en marbre. Au dessus du fronton de cette
entrée monumentale, s'avance la tribune en forme
de balçon ou loggia, murée au moment du Con-
clave, d'où le pape nouvellement élu donnait sa
première bénédiction au peuple. »

Voici l'église de la Minerve, avec ses nombreuses
peintures et sculptures, ses chapelles remarquables,
les tombeaux des papes Léon X, Clément VII,
Benoît XIII, de Paul IV et d'Urbain VIII, la pierre
tombale du cardinal Bembo ; le corps de sainte
Catherine de Sienne est au maître-autel. La bibliothèque du couvent — maintenant fort restreint,
puisque le ministère des finances y a établi ses

bureaux — est à voir, c'est la plus riche de Rome après celle du Vatican.

Nous visitons successivement Saint-André *delle fratre* où fut converti Monsieur. de Ratisbonne; Saint-Louis-des-Français, qui appartient à la France, où on remarque le monument commémoratif de nos soldats morts au siége de Rome en 1849 ; le tombeau élevé à Georges de Pimodan, mort à Castelfidardo, et bien d'autres souvenirs français; sainte Praxède où l'on conserve et vénère la colonne de la flagellation de Notre-Seigneur : la Trinité-des-Monts ; saint Clément, église très ancienne, très remarquable, belle fresques dans l'église souterraine : le *Gésu*, vaste et riche église appartenant à la Compagnie de Jésus : Sainte-Marie-aux-Anges, couvent de Chartreux, maintenant caserne, une des plus grandes églises de Rome, établie par Michel-Ange sur les termes de Dioclétien, tombeau de Pie IV, belle statue de saint Bruno ; *Sancta-Maria in Vallicella* élevée par saint Philippe de Néri, à gauche du chœur, chapelle de ce saint et son portrait en mosaïque, belles peintures, tableaux et fresques: attenant le couvent de saint Philippe de Néri occupé par plusieurs tribunaux ; Saint-Martin-des-Monts fort remarquable aussi par ses 24 colonnes corinthiennes antiques, son beau plafond donné par saint Charles Borromée, sa chapelle souterraine renfermant les restes des papes saint Sylvestre et saint Martin; Saint-Etienne-le-Rond, église originale, très remarquable par ses nombreuses fresques représentant des scènes de martyre: Sainte-Cécile, basilique de second ordre, bâtie sur le palais même de sa famille. On y conserve l'étuve de la salle de bains, où sainte Cécile avait été enfermée pour y être étouffée; belle statue de la sainte sous le maître-autel, faite d'après nature quand on ouvrît son tombbeau et qu'on trouva son corps dans un état parfait de conservation; Sainte-Agnès-hors-les-Murs, église et catacombes très belles, nous dit-on; mais nous ne pouvons trouver le temps d'y aller non plus qu'au Janicule.

VII

Hélas ! nous sommes au jour, au soir du départ!... nous sortons de saint Augustin où nous avons eu le salut, et nous allons à Saint-Pierre encore une fois. Là, une dernière prière aux Apôtres, un regard d'admiration à ce bel édifice, une louange à Dieu, le psaume *Laudate!*... Reverrons-nous jamais ces lieux? Mais jamais nous ne les oublierons!... Rome a dilaté nos cœurs, fortifié nos âmes, ouvert à notre intelligence des horizons plus vastes, plus lumineux, accru notre foi, grandi notre espérance, augmenté notre amour; en un mot, elle nous a rapprochées du ciel, ou plutôt les neuf jours que nous avons passés dans ses murs ont été des jours de paradis par une plus grande assimilation aux actes des saints, par une union plus intime à Dieu. O jardin céleste, délicieux Eden, ton souvenir, ton parfum nous poursuivra et embaumera toute notre existence!... Nous partons; il est dix heures et demie du soir, la nuit est magnifique, et quelle nouvelle perspective fait battre nos cœurs? Quel sentiment puissant nous pousse en avant quand nous sommes retenus en arrière par le regret bien senti de quitter Rome? Ah c'est que nous allons à Lorette! S'il nous reste encore quelques larmes, c'est une Mère qui les essuiera!... Aller à Jésus, à Marie là où ils ont vécu, là où le Verbe s'est fait chair, quelle plus grande grâce!... « Dieu a préparé pour nous un festin. » Nous sommes d'heureux mais impatients convives, car nous avons faim, nous sentons un grand besoin du saint sacrifice, de la sainte communion; c'est le sentiment puissant qui domine en nous tous. Nos désirs ont devancé l'aurore et ils augmentent à mesure que nous approchons.

Mais voici Ancône, il nous faut y subir un certain temps d'arrêt; plus loin Osimo et tout là-bas Castelfidardo que nous apercevons de Lorette et où plusieurs d'entre nous feront une excursion. Ces lieux rappellent de bien grands souvenirs; c'est ici le champ d'action de nos zouaves pontificaux contre les ennemis de l'Eglise; c'est ici que l'élite de la jeunesse française a versé son sang pour la défense du Saint-Siége... Gloire à vous, douces victimes et que votre sang crie miséricorde pour notre pauvre France !...

« Des hauteurs du Janicule l'œil embrasse le splendide panorama de Rome, escaladant les collines voisines où se cachant dans leurs replis ; un jardin délicieux s'arrondit sur la croupe de la montagne à laquelle le sable jaune dont elle est composée, et qu'on retire pour joncher les rues aux jours de grandes fêtes, a fait donner le nom de Montorio où Mont d'Or. Une fontaine, restaurée par Pie IX, la fontaine Pauline, gracieux monument dans le genre grec, couronne ce jardin et le rafraichit de ses eaux tombant en large nappe dans de vastes bassins élevés de soixante quatre mètres au dessus du niveau du Tibre. Rien ne ressemble moins à nos fontaines que ce fleuve apporté par un acqueduc de 108 kilomètres, des lacs Braccino et de Martignano ; pur comme le cristal, il se deverse en une seule masse qui se partage en deux branches, dont l'une va arroser le quartier du Vatican, et l'autre se précipite en torrent vers le Transtévère, et, bondissant, à ciel ouvert, de terrasse en terrasse fait tourner les roues de sept moulins étagés sur la pente. La rue suit le torrent et plonge avec lui entre des jardins, des vignes, des maisons qui s'accrochent aux enfractuosités de terrain et semble monter à l'escalade jusqu'à la terrasse de san Pietro in Montorio, admirable balcon au centre duquel s'élève l'église de saint Pierre, le couvent et son cloître renfermant, comme un écrin, le splendide

temple circulaire tout marbre et granit construit
aux frais de Ferdinand d'Espagne et d'Isabelle la
Catholique, sur l'emplacement même où fut crucifié
saint Pierre. De ce balcon dont rien ne borne l'horizon, Rome n'a plus de mystère, plus de défense
possible; un curieux peut y braquer sa lunette, et
un artilleur y pointer sa pièce sur le palais des Césars, le Quirinal où le Vatican, la porte du peuple
et ses riches quartiers, le Colysée et saint Jean de
Latran, le Trantévèrse où le Ghetto ; le regard
domine le Pincio, comme les jardins de l'Aventin
et, glissant pardessus les ondulations de la campagne romaine, va se heurter, au loin, contre les
noires montagnes de la Sabine, dont les cimes neigeuses se perdent dans les vapeurs transparentes
et indécises. »

Dans la même direction et à deux kilomètres au
de là de la porte saint Pancrace, se trouve la villa
Pamphili qui « est sans contredit la plus belle
promenade des environs immédiats de Rome; char-
mant palais, beaux jardins à l'Italienne, avec pièces d'eau, cascades et jets d'eau qui ne se taisent ni
jour ni nuit, grands bois ombreux dont les pins
séculaires, s'ouvrant en parasol, ont une réputation
justement méritée; tout y respire un calme profond
qu'augmente encore la sévérité grandiose et austère
d'un horizon indiqué, plutôt que borné, par les
hautes montagnes bleuissant dans le lointain. De
cette majestueuse solitude, Rome se devine plutôt
qu'elle ne se voit, et à peine si des terrasses de cette

royale résidence, l'on aperçoit en face de soi, par
dessus la ligne rougeâtre et irrégulière des rem-
parts, se profiler dans le ciel bleu quelques clochers
surmontés de leurs croix d'or, tandis que, dans une
dépression sur la gauche, se montre une énorme
masse d'une teinte gris ardoise, saint Pierre et le
Vatican, à demi-noyée dans les brumes violacées
du soir. »

CHAPITRE VII

Lorette. Impressions ; les objets qu'on peut y acheter en souvenir.

Nous arrivons en gare à neuf heures et demie le jeudi 19 octobre. Vingt-cinq minutes nous séparent de Lorette. Prenons une voiture à cause de nos bagages, vite ! et de suite nous sommes installées dans un fiacre à deux chevaux ; nous n'y avions pas regardé de si près, il était sans doute plus à notre portée ; un seul nous précède... Nous sommes bien tentées de crier bisque à ceux qui sont derrière nous; mais silence ! c'est la Direction qui n'a qu'un mauvais char et une pauvre haridelle... Eh ! ne rions pas, nous devrions bien plutôt mettre pied à terre pour lui céder le pas et nos places; mais ce qui est fait est fait, hue !... Nous arrivons bientôt au sommet et à l'hôtel. Nous y retenons nos chambres, faisons un brin de toilette et nous hâtons vers la sainte Maison.

En arrivant à la basilique qui la renferme, nous réprimons un peu notre élan pour nous recueillir plus profondément. Ici LE VERBE S'EST FAIT CHAIR... O mystère adorable et qui révèle bien l'étendue de l'amour de Dieu pour nous !... Déjà des prêtres sont à l'autel, déjà on distribue la sainte communion, et le Père Hippolyte est à son poste, veillant au bon ordre, avec sa douceur et sa bonté habituelles. Sa présence impose le calme, la réserve, le recueillement : sa voix n'éclate pas pourtant, il ne multiplie pas les gestes, il regarde, et son regard respire et communique la paix; chacun se range, chacun sait sa place, s'y met, s'y tient... Nous restons quelques instants en contemplation devant cette sainte Maison où la sainte Famille vécut, et nous nous approchons à notre tour de la sainte Table. Nous nous retirons à l'écart pour faire notre action de grâce, et, dès que nous le pouvons, nous entrons dans la sainte demeure; nous baisons avec respect ces murs vénérés que les vêtements de la très-sainte Vierge ont dû frôler tant de fois, et où ses mains se sont posées pour différents offices; ces murs contre lesquels se heurta sans doute et s'appuya le divin Enfant essayant ses premiers pas, où saint Joseph fixa un clou, une planche, un ornement quelconque... Ils sont délicieux, ils sont touchants tous ces souvenirs qui nous viennent à la pensée !... Qu'avez-vous fait, mon Dieu ! et pourquoi nous avoir tant aimés ? « Qu'est l'homme, disons-nous avec le Psalmiste, pour que vous vous souveniez de lui ? » Et avec Job : « Pourquoi visiter le fils de l'homme et poser sur lui votre cœur ? » O bonté, ô amour, nous l'avons votre cœur, votre Fils est en nous par la sainte communion, et nous vous possédons tout entier!... Que vous rendre pour un si grand bienfait?

Un prélat nous adresse la parole et fait l'historique de Notre-Dame de Lorette ; le Révérend Père Picard nous dit aussi un mot, nous annonce que la *Santa Casa* restera ouverte et la statue miraculeuse visible tout le temps que nous passerons à Lorette. Il nous recommande de beaucoup prier ici et de bien profiter des heures de grâces qui nous sont données : il nous signale Castelfidardo qui est à six kilomètres : « On peut y aller, mais il faudra être revenu pour la cérémonie du soir. » Nous allons déjeûner, et faisons ensuite un bout de conduite à ceux des nôtres qui vont à Castelfidardo.

Ils voudraient bien nous emmener, mais nous nous sentons trop fortement retenues ici ; nous admirons quelques points de vue ; il y a des aspects de montagnes et des accidents de terrain ravissants. On voit la mer Adriatique comme si elle était tout près, quand elle est à cinq kilomètres. Nous rencontrons notre prêtre du diocèse de Versailles qui n'a pas pris pied à l'hôtel, parce qu'il va à Venise avec quelques pélèrins ; il ne nous rejoindra que dimanche matin à Milan.

Nous retournons à la sainte Maison où nous prions un bon moment et savourons le doux souvenir de la présence de la sainte Famille. Il y a un peu de va et vient, et les pèlerins paraissent affairés : Ah ! c'est qu'ils achètent leurs souvenirs et viennent les faire bénir. Avec les chapelets, médailles, images et photographies, qu'y a-t-il encore ?

1º Le fac-simile des plats ou tasses au nombre de deux ou trois, trouvés dans la *santa Casa*, et qui ont dû servir à la sainte Famille; on s'en sert dans les maladies, et plusieurs, dit-on, y ont trouvé la guérison. Pourquoi pas ?

2º De petites sonnettes, en mémoire des cloches qui accompagnaient la sainte Maison. On leur donne une bénédiction spéciale, et elles portent l'indulgence de l'*Angelus ;* elles conjurent les orages, dissipent les tentations, et font fuir les démons.

3º L'image de la Vierge miraculeuse à laquelle on fixe un morceau de voile qui l'a touchée.

4º Des feuilles de papier préparées à l'effet de recevoir de la poussière et de ce qui se détache des saints murs. Des Pères arrangent ces paquets, et le tout est authentiqué. Un évêque bénit tous ces objets, et les met en contact avec les tasses et plats qui ont servi à la sainte Famille. Il va sans dire que nous nous procurons ces précieux objets.

Le soir venu, nous avons une belle cérémonie : sermon, salut solennel, chant des litanies de la très sainte Vierge que le maître de chapelle fait exécuter à plusieurs voix et avec accompagnement d'instruments; belle procession aux flambeaux dans la basilique; et, dans la sainte Maison, vénération d'objets ayant appartenu à la très sainte Vierge, entr'autres un morceau de sa

robe. Après cette belle procession au chant du
Magnificat et de l'*Ave* de Lourdes, nous nous retirons heureux. Toujours ce doux souvenir de Lourdes au milieu des joies du pèlerinage présent, que
cela est bon à nos âmes!...

Le lendemain matin, nous avons la messe et la
sainte communion à la *Santa Casa;* nos impressions de la veille se renouvellent et s'accentuent
davantage encore. O mon Dieu, qu'il fait bon ici!
Nous y passons une partie de la matinée; nous
aidons ceux des nôtres qui étaient à Castelfidardo
à acheter leurs souvenirs: ils n'oublieront pas les
saintes écuelles et les sonnettes... Quel édifiant
spectacle : de pieux fidèles sont venus de tous les
environs pour profiter des priviléges qui nous sont
accordés ; ils montent à genoux à la sainte Maison,
et en font le tour extérieurement, également à
genoux, avant d'entrer; les dalles sont usées par
ce frottement immémorial; l'émotion nous gagne,
et le Père également ému nous dit : « Profitez de
l'exemple, faisons comme ces braves gens, montons à genoux ces marches, du moins ceux qui le
peuvent sans trop de difficultés. » Nous n'avions
pas songé à cela, nous! et pourtant c'est bien le cas.

Nous avons notre dernière réunion dans ce lieu
béni vers les deux heures; et, en notre présence,
avec force cérémonies et prières auxquelles nous
répondons, on cache les précieuses reliques, et on
recouvre la statue miraculeuse, car nous allons partir, et cela restera ainsi jusqu'à une nouvelle grande

occasion. Ici, comme à Assise, nous sommes assaillies par les mandiants et les estropiés de tout genre : *poverini*, *poverino*, c'est tout ce que nous voyons, tout ce que nous entendons, en allant et en venant, et ainsi jusqu'à la gare. C'est l'occasion de se rappeler cette parole de Notre-Seigneur : « Il y aura toujours des pauvres parmi vous. » Toutes ces misères font vraiment bien pitié.

En Italie, on aime beaucoup l'ornementation ; ici, chose particulière, on rencontre des chars de travail pour la culture des champs, peints, ayant des lignes, des figures allégoriques, des fleurs, et qui rappellent fort bien les chars des cirques.

Il est cinq heures ; nous partons pour Bologne où nous n'arriverons qu'à minuit et demi ; c'est la plus mauvaise heure, celle à laquelle on a le plus envie de dormir. Nous ne sommes que nous cinq dans un compartiment ; nous pouvons changer de place, aller et venir. Nous faisons notre prière du soir, récitons notre chapelet et chantons tous les cantiques de notre manuel. M. H... est en veine, nous distrait, nous amuse jusqu'au bout, et le temps passe sans que nous nous en apercevions.

CHAPITRE VIII

Nous prenons un omnibus qui nous conduit à
l'hôtel du Pèlerin, où nous sommes très-bien; nous
avons de fort bons lits, et, les quelques heures de
repos que nous y prenons, nous remettent complè-
tement de notre fatigue. Dès six heures, nous sommes sur pied, car nous devons être à sept heures
à l'église de Sainte Catherine. Nous y avons notre
messe, nos chants et la sainte communion, puis la
procession à la chapelle intérieure ou trône de la
sainte et où sont de nombreuses reliques qui rappellent le souvenir des bienfaits et des grâces dont
Dieu se plut à la combler, le lange sur lequel elle
reçut l'Enfant-Jésus dans ses bras, le crucifix miraculeux qui lui parla, etc. La sainte est assise dans
un fauteuil, et s'y maintient d'elle-même; on lui
baise les pieds, et un riche anneau qu'elle porte au
doigt; son corps est encore souple et ses membres
flexibles. Comme sainte Marie Magdeleine de Pazzi
et sainte Catherine de Ricci, elle a la figure noircie;
mais c'est bien le cas pour ces vierges saintes de

dire : « *Nigra sum...* Je suis noire, mais je suis belle... » On nous fait défiler lentement pour nous donner le temps de bien tout voir et de tout vénérer avec plus de respect.

Au sortir de ce sanctuaire privilégié, on nous fait inscrire nos noms sur un registre, comme pour témoigner de l'accomplissement d'une prédiction que fit à la sainte une de ses religieuses : Un jour qu'elle était malade, cette religieuse lui ayant lavé les pieds, les baisa; la sainte l'en reprit; mais la bonne religieuse lui répliqua : « n'empêche que les générations futures ne viennent se prosterner devant vous et imprimer leurs baisers sur vos pieds. » La sainte elle-même eut, comme la très sainte Vierge, l'intuition que les générations la proclameraient bienheureuse : Elle eut une vision extraordinaire; Notre-Seigneur lui apparut environné de lumière et accompagné d'esprits célestes : un d'entre eux touchait doucement les cordes d'un instrument et chantait d'une voix harmonieuse : « La gloire du Très-Haut se révélera en toi. » Il n'est pas hors de propos de noter ici un autre prodige de Dieu en sa faveur, et dont l'effet subsiste encore : Une nuit de Noël, Catherine, agenouillée aux pieds du tabernacle, priait avec la ferveur dont son âme était capable, lorsque, peu avant minuit, la très sainte Vierge lui apparut, entourée de splendeurs et suivie d'un cortège angélique, et lui mit entre les bras le Divin Enfant; elle pressa sur son cœur ce doux objet de son amour, et imprima d'ar-

dents baisers sur son divin visage. Dès ce moment,
ses lèvres et la partie du menton qui touchèrent le
Sauveur devinrent blanches comme du lait, ce qui
existe encore. Cette divine marque nous rappelle
l'endroit du front de sainte Marie-Magdeleine que
Notre-Seigneur toucha du doigt en lui disant : « Ne
me touchez pas, » et où la chair est demeurée
intacte.

Voici maintenant comment le corps de la sainte
prit possession du fauteuil qu'il occupe encore aujourd'hui : Voyant cette précieuse dépouille si bien
conservée, l'évêque ordonna, par un mandement,
qu'elle fût placée dans une cellule à part, d'où les
religieuses eussent soin de la porter en vue du
peuple, chaque fois qu'il désirait la contempler.
Mais comme il n'était pas facile d'exécuter ce
transport, les religieuses prièrent leur sainte Mère
de s'asseoir sur une chaise qu'elles avaient prépa-
rée exprès, et, chose surprenante, la sainte elle-
même s'y assit dans l'attitude où nous la voyons.

Quand nous sommes tous revenus à nos places,
le Père Hippolyte nous annonce qu'on vient de
lui causer une agréable surprise, en lui remettant
des reliques de la sainte à nous distribuer; il nous
fait approcher, et nous donne à chacun un petit
paquet contenant un morceau d'un vêtement de la
sainte.

Au sortir du couvent de Sainte-Catherine de
Bologne — Couvent de Clarisses — on se rend à
l'évêché, Monseigneur veut nous voir et nous bénir,

puis à Saint-Dominique, au tombeau de ce grand saint où déjà des amis qui nous ont précédés se sont agenouillés, aussi bien que tant de saints, et entre autres, saint François-Xavier qui eut à Bologne son action comme missionnaire, et s'attacha la cité tout entière. Nous visitons la cathédrale, et parcourons un peu la ville fort curieuse par son ancienneté, ses maisons à portiques, ses arcades etc. Nous cherchons un restaurant et déjeûnons à la hâte, car la matinée s'avance et l'heure du départ arrive : Vite nos bagages, des places à l'omnibus et nous voilà partis pour la gare. Il y aurait bien à dire sur Bologne : On se rappelle l'esprit de rébellion de ses habitants contre le Pape Jules II, et l'entrevue de Léon X avec François Ier qui eut lieu à la demande de ce dernier, après la bataille de Marignan.

Bientôt nous sommes dans le train, en route pour Milan. Le voyage est très agréable; on passe par Modène, Reggio, Parme, Plaisance, Marignan célèbre par la victoire que François 1er remporta sur les Suisses le 14 septembre 1517, et par la sanglante bataille que les Français, sous le commandement de Baraguay-d'Hilliers, gagnèrent sur les Autrichiens le 7 juin 1859, on passe aussi par Pavie et la Grande-Chartreuse.

CHAPITRE IX

Il est plus de cinq heures. Nous prenons notre
logement tout près de la gare, commandons notre
dîner pour six heures et demie, et sortons pour faire
un tour de promenade dans la ville. Les rues sont
belles et larges, bien pavées; les principales nous
paraissent toutes aboutir à la place du Dôme de la
Cathédrale. Les maisons sont bien bâties, et les
magasins vastes et beaux. Milan se recommande
par sa chaussure, comme Gènes par ses étoffes, et
Turin par ses gants parfumés. Nous rentrons et
dînons de bon appétit et fort tranquillement; nous
sommes bien servies et dans une salle à part; nous
y passons le reste de la soirée à nous entretenir de
nos impressions et à tirer nos plans pour le lendemain. Nous irons à la Grande-Chartreuse de Pavie;
à Monza, voir la couronne de fer qu'on dit être
fermée d'un des clous du Crucifiement; d'autres
pousseront peut-être jusqu'à Pavie, où est le corps

et le tombeau de saint Augustin. C'est bien attrayant, mais on ne peut tout voir.

Nous montons prendre possession de nos chambres : elles nous paraissent malpropres, elles ne sont pas même balayées ; les meubles sont couverts de poussière. Voyons les lits : ils sont faits, mais les draps sont loin d'être blancs... des puces y laissant traces de leur passage attestent qu'ils ont servi, et même, si on en juge par le nombre, beaucoup servi... Ah par exemple ! se jouer ainsi des voyageurs !... Vite qu'on enlève tout cela, car tout est à changer !... La maîtresse de la maison arrive avec ses clefs, ouvre les armoires, en tire des draps, des serviettes, des taies d'oreillers et gronde fortement le domestique. La femme de chambre étant absente, il croyait qu'avant de partir, elle s'était occupée des chambres... Maintenant nous avons du linge propre, c'est l'essentiel. Mais quel remue-ménage, trois chambres, cinq lits à faire ! Nous présidons à tout, et ensemble, dans la crainte que quelque chose ne soit oublié. Enfin, nous pouvons nous coucher et nous dormons tant bien que mal, car nos lits ne sont pas des meilleurs.

Au matin, quand nous nous rencontrons, nous avons tous — à l'exception de l'oncle, un vrai anachorète — force plaintes à nous communiquer. L'un avait un lit trop étroit et un sommier faisant bascule ; il ne pouvait bouger sans risquer de tomber. M. H... dit que son sommier dur comme la planche, fait trous et bosses et lui entrait dans les côtes... Et nous rions !... Etre mal une fois n'est pas coutume; ailleurs nous avions toujours été très bien. Avec les immenses joies que nous avons au cœur, nous pouvons bien supporter cet inconvénient.

A sept heures, nous nous rendons à Saint-Ambroise, vieille basilique fondée par saint Ambroise lui même en 387, et riche en souvenirs : c'est toujours la même porte d'où le saint repoussa l'empereur Théodose qui voulait pénétrer dans l'église après le massacre de Thessalonique. C'est ici que sainte Monique gémissait sur la conduite de son fils, priait et pleurait pour sa conversion; là, qu'au pied de cette chaire, Augustin, touché de la grâce, écoutait la parole de Dieu tombant des lèvres de saint Ambroise. Voici, dans cette crypte, le tombeau de saint Ambroise. Nous y avons la messe, nous y communions, et recevons, par les mérites de ce saint, une grâce nouvelle de force, d'énergie, de courage. Nous y avons nos chants habituels : l'*Ave maris stella,* le *Credo,* l'*O Salutaris,* le *Magnificat* et de plus, le *Te Deum...* Nous le chantons avec enthousiasme et aussi avec émotion, car nous sommes profondément remuées. On l'avait entonné sans que nous nous y attendions; c'est bien le cas de chanter ici ce cantique d'action de grâces, composé par saint Ambroise et saint Augustin. Le Père Hippolyte le fait remarquer et félicite les directeurs du chant d'avoir eu cette bonne idée: il nous dit aussi quelques mots sur les vertus du grand saint que nous vénérons en ces lieux, après quoi notre procession se forme au chant du cantique : *Je suis chrétien.*

Elle se déroule dans les cryptes où nous vénérons les corps entiers des saints martyrs Gervais et Protais, émerge de l'escalier, et se déploie majestueusement dans la basilique ; on nous le permet quoique ce soit un dimanche. Une foule pieuse nous regarde, et prend un intérêt visible à nos cérémonies. Un évêque nous bénit avant la bénédiction du très-saint Sacrement. Les dames s'empressaient autour de nous et nous procuraient des siéges ; elles paraissaient très émues, mêlaient leurs voix aux nôtres pour la prière, ce qui nous touchait profondément : catholiques Italiens ou Français, on se sent tous frères. Nous nous retirons plus vivement impressionnés que jamais : O mon Dieu ! O Eglise ! O saints, ô piété ! c'est-à-dire avec saint Augustin : « O beauté toujours ancienne et toujours nouvelle !... » On ne saurait dire ce que l'âme éprouve à se reporter ainsi à quinze siècles en arrière.

Nous allons voir la magnifique cathédrale qui est toute de marbre, et une des plus grandes merveilles du monde catholique et artistique. Nous la visitons à l'intérieur : Quelle splendeur ! Nous ne nous lassons point de la contempler à l'extérieur et, pour en mieux juger, nous en faisons le tour à distance : quelle élégance ! c'est le plus gracieux, le plus bel édifice qu'on puisse voir et imaginer. Nous n'oublions pas qu'il renferme dans une de ses cryptes, le tombeau de saint Charles Borromée ; nous prions ce grand saint, et nous achetons sa médaille vendue au profit de la cathédrale pour les réparations qu'on y fait actuellement. Beaucoup montent au dôme et y jouissent d'un ravissant panorama. Nous rencontrons notre cher copèlerin du diocèse de Versailles. Déjà il nous avait prévenues, par une pèlerine qui pouvait nous reconnaître, de son retour de Venise. Il allait dire sa messe à saint Ambroise et nous rejoindre le plus tôt possible. Nous sommes très heureuses de le revoir; il est bien content de son voyage, et ne se dit pas trop fatigué, malgré les quatre nuits passées sans se coucher et le long détour qu'il lui fallut faire, plusieurs ponts de la voie directe ayant été emportés par les eaux. Nous le laissons visiter la cathédrale, et voyons un peu les places. Il y en a de belles, de spacieuses, avec de riches statues; voici celle de Léonard de Vinci.

Nous déjeûnons dans un restaurant de la place du Dôme, gagnons la gare en tramway et prenons nos billets pour la Chartreuse. Déjà beaucoup de pèlerins sont arrivés, le père Hippolyte en tête.

En wagon, dans un compartiment voisin, on parle de la Côte-d'Or. « Fournirait-elle d'autres pèlerins avec nous? » Nous nous levons et, deux prêtres, ceux sans doute qui parlent de la Côte-d'Or et entendent notre exclamation, se lèvent aussi et nous disent : « Nous croyions être les seuls pèlerins de la Côte-d'Or!... » — « Et nous deux les seules pèlerines! répliquons-nous. Heureuses sommes-nous de cette rencontre!... » La connaissance est bientôt faite

3*

surtout avec l'un de ces Messieurs qui ne nous est pas tout-à-fait inconnu.

A la station, des voitures attendent, mais peu en profitent; il n'y a que quinze ou vingt minutes à pied pour gagner le monastère. Il fait bon, on peut bien faire cela. Il est curieux de nous voir aller ainsi en foule. On nous introduit par groupes de vingt-cinq qui se suivent de près, sous la conduite de guides, nous visitons tout le couvent. Que de merveilles y sont renfermées! Que de chefs-d'œuvre d'un ordre à part et que la patience seule a pu mener à bien! Mais à côté, et comme en dehors de ces richesses qui semblent ne se rattacher qu'au culte divin, voici les cellules où se réfugiaient la sainte pauvreté, le détachement de tout, et le renoncement à tout. Autour du grand cloître, chaque religieux avait sa petite maison composée de trois pièces avec son petit jardin et un puits. Nous pénétrons avec une sorte de respect craintif, et presque en tremblant, dans ces sanctuaires privés, jadis inviolables, du moins pour les femmes. Nous y fixons quelques instants nos pas, évoquant le souvenir des saints qui y ont vécu, des vertus si laborieusement acquises, si héroïquement pratiquées; des supplications à Dieu, des larmes abondamment versées pour le salut des âmes et sous le sentiment de l'épreuve; des tentations, du repentir et aussi, et surtout de l'amour de Dieu, car ils aimaient Dieu ceux qui fuyaient ainsi le monde et venaient abriter ici leur innocence ou leur repentir! Ils n'étaient en contact qu'avec Dieu et des hommes qui vivaient, travaillaient, souffraient, pensaient comme eux. C'était bien la semence tombée uniquement dans la bonne terre, comment n'aurait-elle pas fructifié? O saints de Dieu, priez tous pour nous, et que vos mérites retombent en bénédictions sur cette terre: obtenez que cette solitude soit bientôt repeuplée et retentisse des louanges de Dieu. Qu'il est triste cet abandon amené par la spoliation! Que ce silence de deuil fait mal et vous navre le cœur! Quand les expulsés, les bannis reprendront-ils possession de leurs demeures et pourront-ils chanter la première partie du psaume : *In convertendo Dominus captivitatem Sion?* En attendant, nous dirons avec confiance la seconde : « Ramenez Seigneur, nos captifs comme les torrents du Midi. Ceux qui sèment avec larmes recueilleront dans la joie. Ils s'en allaient et pleuraient en jetant leur semence. Ils reviendront dans la joie, avec les gerbes de la moisson : » Voilà notre assurance pour nos chers Ordres religieux.

Nous retournons à la gare, non par la voie ordinaire, mais par un sentier, en marchant à la file. Nous nous trouvons à l'air sur le terre-plein et dans les chemins qui avoisinent la gare. Nous avons bien deux heures à attendre. Heureux est-on de circuler en liberté; on va, on vient en tout sens et au loin; on se rencontre avec des amis, car on en fait en pèlerinage. Nous avons une pieuse demoiselle guérie à Lourdes; elle nous est très sympathique; nous la rencontrons toujours avec le plus grand plaisir : Mademoiselle Moulin; une autre, fort bien, venue seule, eut l'heureuse inspiration de se mettre sous la protection d'un bon prêtre connaissant l'italien et la tirant d'embarras; beaucoup d'autres s'intéressent à nous, à cause de Maria dont la vue est si faible. On se sourit, on se dit un mot, on se communique ses impressions.

Les prêtres disent leur bréviaire, et, nous autres, disons un peu de notre chapelet; les groupes se reforment; le prêtre bourguignon que nous avons reconnu est avec nous et nous édifie. Plus tard, nous retrouvons un prêtre de la Haute-Marne avec son neveu, jeune abbé de dix-sept, qui entre au Grand-Séminaire cette année, et dont la physionnomie ouverte et toute pétillante d'intelligence fait plaisir à voir. Il intéresse tout le monde et édifie par son air de simplicité et de candeur. Déjà nous avions rencontré ces Messieurs à Florence au sortir de notre cérémonie à Saint-Jean-Gualbert. Comme nous, ils s'orientaient pour retrouver leur logement; mais, l'abbé, qui semblait s'y mieux connaître et nous guider, nous égarait comme à plaisir, et, quand nous lui en fîmes la remarque, il nous répondit, en riant et en sautant : « Bast! vous savez bien que tout chemin mène à Rome... Nous y allons, nous y arriverons!... » On se réunit autour de nous, autour de lui; il nous fait rire et c'est assez pour que tout le monde approche; bientôt le groupe est nombreux et compacte; les jeunes gens surtout s'en arrangent fort bien : des noms, des adresses sont échangées, et nous-mêmes qui connaissons un peu Langres, le chargeons de nos respects pour quelqu'un et d'un petit souvenir pour un autre.

Enfin le train arrive, et, quoique quelques-uns aient pris des billets de seconde, nous montons tous en troisième pour être plus ensemble; nous chantons l'*Ave maris stella*, et récitons le chapelet. Nous arrivons à Milan à la nuit et dînons de bon appétit, après quoi, nous allons voir le fameux passage ou galerie Victor-Emmanuel qui est à voir : « Il forme une croix avec une coupole au milieu, haute de 50 mètres et surmontant un octogone ayant 29 mètres de diamètre. Sa longueur est de 195 m. 50 centimètres; sa largeur est de 14 mètres 50 centimètres; sa hauteur depuis le sol jusqu'à l'arrête des verrières, de 32 mètres. Le soir, cette galerie, enrichie de fresques et de 24 statues d'Italiens célèbres, illuminée par deux mille becs de gaz, est le rendez-vous des étrangers et de la population milanaise. Dans la coupole, les becs de gaz sont allumés presque instantanément par une petite locomotive établie sur un chemin de fer circulaire. Ce spectacle attire un grand nombre de curieux.

Nous rentrons et montons dans nos chambres qui sont propres, bien propres cette fois, bien balayées, frottées, époussetées, transformées à ne plus s'y reconnaitre. Mais voici bien autre chose : un bal à l'hôtel et presqu'au dessus de nos têtes !... Nous qui croyions n'avoir plus qu'à sourire à Dieu et à nous endormir... nous voici attristées et gémissantes de-

vant la Majesté divine, lui demandant pardon de
tant d'offenses qu'on lui fait par l'amour des plai-
sirs, des vanités et des divertissements mondains.
Nous demeurons longtemps ainsi, et ne nous endor-
mons qu'à force de fatigues et, peut-être, quand le
bruit eût cessé.

Néanmoins, nous sommes sur pied de bonne
heure et, avant six heures, à la porte de la cathédrale, attendant le moment de notre messe qui doit
être célébrée au tombeau de saint Charles Borromée.
C'est presque une messe de nuit, car on ne voit
qu'à la lueur des cierges. L'évêque coadjuteur, je
crois, de Monseigneur l'archevêque, préside à notre
réunion; il nous adresse la parole et nous témoigne
de sa sympathie; il fait des vœux pour la paix de
l'Eglise, pour le renouvellement, pour la prospé-
rité de la France; il a des accents si émus qu'il
nous fait tous pleurer et pleure lui-même. Le Révérend Père Hippolyte le remercie de sa bienveillance et de l'affection qu'il nous porte aussi bien
qu'à notre chère patrie; il nous dit avec quel cœur
Monseigneur vient de nous bénir et nous ap-
prend qu'il est à l'épreuve, que sa mère vient de
lui être enlevée, et nous demande de prier pour
cette chère âme. Nous vénérons les saintes reliques et sortons fort émus de cette touchante cérémonie.

Nous n'avons que le temps de prendre un tout
petit déjeûner et de nous rendre à la gare. Nous
partons pour Turin plus tôt qu'il n'était dit d'abord,

c'est afin d'avoir plus de temps pour visiter les œuvres de dom Bosco. Nous passons à Magenta, célèbre par la bataille que gagnèrent les Français sur les Autrichiens le 4 juin 1859; à Novare, à Verceil; entre ces deux villes, on voit une plaine couverte de rizières.

CHAPITRE X

A l'heure indiquée, c'est-à-dire à une heure, nous sommes, tous à la nouvelle église édifiée par dom Bosco en l'honneur de saint Jean l'Evangéliste, son patron, et à la mémoire de Pie IX qui encouragea si bien ses œuvres. La statue de ce grand Pape y occupe une place d'honneur; elle est en marbre blanc de Carrare, et passe pour un chef-d'œuvre; elle est belle en effet, et ceux qui ont vu Pie IX disent qu'elle reproduit bien ses traits et qu'il ne lui manque que la parole. « Regardez bien cet édifice, nous dit le père Hippolyte, et voyez! encore un miracle de dom Bosco..., des miracles, il ne fait que cela!... » En effet, cette église est magnifique et aménagée selon le grand cœur et la haute intelligence de dom Bosco : dans les cryptes, bien éclairées, bien aérées, de vastes salles d'audience, de vastes salles de cathéchisme. L'église possède de belles orgues; nous pouvons en juger par les quel-

ques morceaux qu'on exécute à notre intention. On
doit la consacrer samedi prochain, et on fait beaucoup de préparatifs pour la solennité de cette fête.
On prévoit pour la circonstance un grand concours
de fidèles; des membres éminents de l'épiscopat
doivent y présider et porter la parole. Que ne pou-
vons-nous rester pour ce jour?

Nous visitons ensuite un certain nombre d'églises;
il y en a 110 à Turin; elles ne brillent pas par le
style architectural; mais chacune possède bien
quelques chefs-d'œuvre de peinture et de sculpture.
Nous nous faisons un bonheur de retourner à la
cathédrale où est la précieuse relique du Saint-
Suaire.

A quatre heures nous sommes à la *Consolata*,
église dédiée à Notre-Dame consolatrice des affligés. On y voit les deux statues en marbre blanc,
agenouillées, des reines Marie-Thérèse, épouse
de Charles-Albert, et Marie-Adélaïde, épouse de
Victor-Emmanuel II, mortes toutes deux en 1855.
Nous ne pouvons y avoir tous nos exercices, car
une cérémonie paroissiale se prépare; nous n'aurons qu'un sermon : c'est M. l'abbé D..., vicaire
de M... qui va nous adresser la parole, et nous faisons quelque peu la moue car déjà nous l'avons entendu à Saint-Jean-de-Latran. C'était bon, mais
trop fleuri, emphatique, prétentieux, et il nous a
déplu aussi bien que quand nous le voyions parcourir les basiliques, les baptistères, etc., partout où il
y a des objets d'art, avec un gros volume en main,

le feuilletant avec un air infatué qui semblait
dire : « J'en sais; il y en a là-dedans.... Si vous
avez besoin de renseignements... » Beaucoup de
s'approcher, mais nous de nous éloigner. Si nous
avons nommé ce jeune prêtre « que Dieu lui donne
toujours davantage sa grâce et son saint amour, »
c'est parce que nous avons de quoi lui faire amende
honorable, car jamais plus nous ne l'avons rencontré ainsi, et toujours nous l'avons vu simple et mo-
deste, ce qui ne nuisait pas à sa distinction. Voyons
son sermon : quelle différence avec l'autre ! Sa dic-
tion est élégante, mais elle pose sur un grand fond
d'humilité et de simplicite; c'est bien le pauvre
exilé gémissant et soupirant dans cette vallée de
larmes et sentant bien que le travail de l'homme ne
peut produire que des ronces et des épines, s'il n'est
fécondé par la grâce qui donne les fleurs et les
fruits; il sent son néant, sa faiblesse, sa misère; et
il recourt à Marie, mère de grâces, mère de miséricorde... Il dit que Marie dans un certain sens aime
mieux ses enfants de la terre que ses enfants du
ciel, ceux-ci étant au port et ceux-là encore à
l'épreuve, au combat : une bonne mère se rattache
davantage à l'enfant qui souffre... Marie ne prète
qu'une oreille distraite aux louanges des bien heureux, attentive qu'elle est aux gémissements de ses
enfants de la terre, et, dans les joies du festin éter-
nel, on l'entend souvent dire : « Ils n'ont plus de
vin... » Ils souffrent, sont dans l'angoisse, dans la
tribulation... *Ils n'ont plus de vin*, c'est-à-dire, ils

sont sans forces, sans courage... Encore une grâce,
ô mon Fils! encore une consolation pour mes enfants de la terre... Je ne saurais oublier le legs que
vous m'en avez fait!... » Il développe cette pensée
avec une splendeur de vue, avec une sublimité d'ex-
pression, en un mot avec un talent incomparable.
On est saisi, tremblant, remué jusqu'au fond de
l'âme, vous fondez en larmes. Jamais, non jamais
nous n'avions entendu si bien parler de notre Mère
Consolatrice des affligés et toute-puissante sur le
cœur de son Fils!

Nous nous rendons à l'Oratoire de saint François
de Sales, chez dom Bosco : on nous dit qu'il reçoit
en audience particulière. Longtemps nous faisons
antichambre, mais enfin nous sommes admises :
quelle faveur! En dom Bosco, quelle bonté, quelle
longanimité! il vous parle comme s'il vous connais-
sait et on lui dit tout, comme si on l'avait toujours
vu. Il vous bénit de tout cœur, vous, vos parents,
vos amis, et il vous donne une médaille que vous
emportez et garderez comme une précieuse relique.
Dom Bosco est un grand homme par le bien qu'il
fait à l'humanité, par l'amour qu'il porte à ses
frères, un grand saint par sa charité envers Dieu,
mobile de ses grandes entreprises. Il accomplit
merveilleusement le grand précepte : amour de
Dieu et du prochain.

A sept heures et demie, salut à Notre-Dame-Auxi-
liatrice, chez lui; huit cents enfants orphelins lui
font cortège et se déploient dans les vastes nefs de cet

édifice; ils prient avec cœur, ils chantent tous et
avec âme. Après cette cérémonie, les Salésiens nous
font une cordiale réception rehaussée par les ac-
cords d'une musique choisie. Albert Buffa, ingé-
nieur et président d'un cercle catholique, nous
adresse la parole; avec des accents inspirés par la
foi la plus vive, il nous souhaite la bienvenue et se
réjouit des grands exemples que nous, pèlerins,
donnons au monde chrétien. Dom Bosco se lève
ensuite, et a pour nous des paroles touchantes
d'éloge et d'encouragement. Le Père Hippolyte
répond avec beaucoup d'à-propos aux deux orateurs.
Il remercie les associations catholiques italiennes
et spécialement la jeunesse, pour la réception si
cordiale dont il nous ont honorés dans les villes
visitées par nous. Il indique la signification des
deux croix — de la dimension de celle du Divin
Rédempteur — portées par nous au Vatican. Il fait
des vœux pour que la France et l'Italie redevien-
nent véritablement deux nations catholiques, pour
que l'on organise de nouveaux pèlerinages aux
Saints-Lieux, et pour que la ville de Paris puisse,
elle aussi, avoir bientôt une maison Salésienne. Le
Père Hippolyte prie ensuite dom Bosco de nous
donner sa bénédiction. Ainsi se termine cette touchante réunion à laquelle ont pris part plusieurs
familles notables de Turin. Il est près de 11 heures
quand nous rentrons à notre hôtel. Nous prenons
une simple collation et allons nous reposer. Demain
matin, messe et communion à *San Carlo*, église

qui nous fait nous reporter en esprit au tombeau de saint Charles Boromée et à notre si touchante cérémonie de la veille. Le Père Hippolyte nous dit un mot, et c'est pour nous faire des compliments : nous avons été pieux, fervents, dociles... Que la grâce de Dieu soit en nous toujours !...

.   .   .   .

Et maintenant, nous voici de retour : à notre gare, où le train a trente minutes d'arrêt, les pèlerins descendent. Nous allons au Père Hippolyte pour le remercier de ses bontés et des grâces qu'il nous a ménagées. Et lui de nous répondre : « C'est Dieu qui a tout fait!... » Oui, mais Dieu a parfois des auxiliaires bien fidèles, bien dévoués, et ce serait ingratitude à nous de ne pas le reconnaître. Nos chers compagnons se rapprochent de nous et bon nombre d'autres pèlerins; on se fait des recommandations, on échange des promesses... Demain matin, à huit heures, messe d'actions de grâces à Notre-Dame des Victoires; nos amis y seront et prieront pour nous. A la même heure, nous irons à Notre-Dame de Bon-Espoir: nous prierons et communierons pour eux et en union avec eux, c'est convenu. On nous dit au revoir; bien des mains se tendent vers nous et nous les pressons avec effusion. Oui, au revoir ! Peut-être ne nous reverrons-nous qu'au ciel; mais qu'importe ! car alors nous nous rappellerons avec joie les jours heureux que nous avons passés ensemble à aimer Dieu davantage, à le louer, à le bénir plus parfaitement.

Nous nous éloignons en jetant un long regard sur ce train qui va emporter au loin nos chers copèlerins, et nous disons : Qu'il soit béni ce train, ou mieux, qu'ils soient bénis ces trains ! puisque, souvent, ils servent de *demeures aux pèlerins devenus frères,* aux vrais serviteurs du Christ, et que par là même, ils deviennent la maison de Dieu dont ils abritent les fidèles enfants. Ne sont-ils pas, eux aussi, « bâtis comme une ville dont toutes les parties sont unies ensemble. » N'est-ce pas là que « sont établis les sièges de la justice et les trônes de la maison de David... » Les trônes, les sièges de ceux qui règnent sur eux-mêmes, sur le monde, sur le plaisir, qui ne cherchent qu'à plaire à Dieu et s'efforcent d'être utiles au prochain... Donc, « patrie de nos frères, patrie de nos amis, j'appellerai la paix de Dieu sur toi. Maison du Seigneur notre Dieu, je te souhaite tous les biens... *Lætatus sum...* »

Nous avions écrit à nos amies de ne pas se mettre en peine de nous pour le retour, notre train devant arriver trop matin ; mais sans tenir compte de cet avis, dès quatre heures elles sont sur pied, se réveillant, se réunissant, et, quand nous descendons de l'omnibus nous les trouvons en marche pour la gare. C'est trop !... Mais quelle joie de se revoir ! et les questions... « Vous avez donc fait bon voyage ? »

— « Oh ! oui, et constamment des plus heureux. »

— « Vous n'êtes-donc point trop fatiguées ? » —

« Oh ! non, pas du tout, malgré la journée et la nuit que nous venons de passer en wagon. » Alors, il faut raconter, raconter longtemps. Nos cœurs se dilatent au souvenir de tout ce que nous avons vu, de tout ce que nous avons ressenti, nos amies se délectent à notre récit, et sont ravies... Nous faisons deux visites dans le tantôt, et nous racontons encore... Nous nous couchons à l'heure ordinaire et nous dormons bien ; nous ne nous sentons nullement d'avoir fait un si long voyage.

Deo gratias !...

Qu'on aille donc à Rome, qu'on y aille davantage ! Gens de science, gens de lettres, artistes, prêtres et fidèles, allez à Rome, allez en Italie ! les sacrifices que vous ferez pour cela ne seront pas perdus. On ne se lasse pas de fouiller ce sol fécond et béni, jamais on ne pourra épuiser cette mine intarissable de richesses et de délices inconnues.

———

Que notre langue s'attache à notre palais, si jamais nous t'oublions, ô Rome !

TABLE

DES MATIÈRES

CHAPITRE V

CHAPITRE VI

CHAPITRE VII

CHAPITRE VIII

CHAPITRE IX

CHAPITRE X

LANGRES, IMP. RALLET-BIDEAU